教育部、国家语委重大文化工程

　　"中华思想文化术语传播工程"成果

国家社会科学基金重大项目

　　"中国核心术语国际影响力研究"（21&ZD158）

　　阶段性成果

中华思想文化术语研究丛书

方维规 著

文必与明合

中国"文明"概念小史

外语教学与研究出版社
北京

图书在版编目（CIP）数据

文必与明合：中国"文明"概念小史 ／ 方维规著. ——
北京：外语教学与研究出版社，2022.10（2023.8 重印）
（中华思想文化术语研究丛书）
ISBN 978-7-5213-4034-1

Ⅰ. ①文… Ⅱ. ①方… Ⅲ. ①文化史－研究－中国
Ⅳ. ①K203

中国版本图书馆 CIP 数据核字 (2022) 第 190817 号

出 版 人　王　芳
项目负责　刘　佳
责任编辑　钱垂君
责任校对　刘虹艳
装帧设计　覃一彪
出版发行　外语教学与研究出版社
社　　址　北京市西三环北路 19 号（100089）
网　　址　https://www.fltrp.com
印　　刷　紫恒印装有限公司
开　　本　787×1092　1/32
印　　张　5.5
版　　次　2022 年 11 月第 1 版　2023 年 8 月第 2 次印刷
书　　号　ISBN 978-7-5213-4034-1
定　　价　56.00 元

如有图书采购需求，图书内容或印刷装订等问题，侵权、盗版书籍等线索，请拨打
以下电话或关注官方服务号：
客服电话：400 898 7008
官方服务号：微信搜索并关注公众号"外研社官方服务号"
外研社购书网址：https://fltrp.tmall.com

物料号：340340001

记载人类文明
沟通世界文化
外研社
www.fltrp.com

*"中华思想文化术语研究丛书"出版说明

"中华思想文化术语研究丛书"的策划来源于"中华思想文化术语传播工程"（以下简称"工程"）。

"工程"旨在梳理反映中国传统文化特征和民族思维方式、体现中国核心价值的思想文化术语，用易于口头表达、交流的简练语言客观准确地予以诠释，在中国对外交往活动中，传播好中国声音，讲好中国故事，让世界更多了解中国国情、历史和文化。"工程"的核心成果是"中华思想文化术语"系列图书（中英文对照版），每辑收录100条思想文化术语，每条术语的释义文字在二三百字。

"中华思想文化术语"系列图书问世后，很多国外读者提出，希望更深入地了解其中一些思想文化术语的含义以及它们对当代社会的影响。于是，"工程"秘书处与施普林格·自然集团共同策划了本套丛书——"中华思想文化术语研究丛书"。其中，英文版由施普林格·自然集团在海外出版，而中文版则由外语教学与研究出版社在国内出版。

本套丛书中的每一种，均是作者对某一个或者一组思想文化术语的深入阐释。作者依托历史文献资料与学界已经取得的研究成果，以思想文化发展史上的代表人物或代表性著作、观点为线索，详细考察该术语在中华思想文化发展史上的源流嬗变、历史语境、语义脉络、思想影响、现代价值，让读者对中华思想文化中的一些重要范畴、概念或思想命题有一个较为全面系统的了解。

丛书以综合、原创的学术内容及著作者个人的学术研究为主，体现专业研究与社会普及结合，源流并重，考论兼备，中西观照。丛书中涉及的思想文化术语既是中国文化的智慧，也是人类共同的文化宝藏。挖掘它们的意义变迁，阐释其对当今社会的影响，有利于促进不同文化之间的交流与对话。

本套丛书的作者有的侧重于概念史研究，有的侧重于对传统的学科术语的挖掘，表现出研究成果的多样性和丰富性。需要说明的是，我们以"中华思想文化术语"之名进行整合，但也尊重作者不同的学术视野和研究领域。本套丛书是开放性的，我们还会陆续推出其他中国知名学者关于中华思想文化术语的研究作品。

"中华思想文化术语传播工程"秘书处

2022 年 5 月

*

自 序

英文书 *Modern Notions of Civilization and Culture in China* 已在 Palgrave Macmillan 刊行，自然深感欣慰。这本小书是它的中文底稿，写作时并未想到，与这家老牌出版社合作的外语教学与研究出版社还有出版本书所属"中华思想文化术语研究丛书"（Key Concepts in Chinese Thought and Culture）中文版的计划。得知这一消息时，我有点担心：为外国人写的书，读者不同，背景也不一样，写法或有差异。比如，一些中国文史知识，中国读者了然于心，或许可以少投入些笔墨。好在重读底稿时发现，问题不是我想象的那么突出。毕竟是论文架构，中西大抵相同，铺陈也基本合理，所以就不修改了。

不仅如此，我反而觉得不少内容用中文表达，更为顺畅。准确点儿说：不少中文表达乃中华独有、汉语使然。比如，华夏先民所言"经纬天地曰文"或"文乃道之显"，转换成西文，纵使颇费心思，也不可能原汁原味，词不达意常在情理之中。又如，在19世纪，现代"文明""文化"概念流行之前，中国人多半用"声明文物""政教修明""文教昌明"或"向化""文艺""文教""教化"之类的词语来表达与欧洲近现代"文明"概念相近的思想,将之译成西文实属不易,或曰西文中只有一两个大致与之对应的词语,可是外延可能相去甚远。许多意思实际上是不可译的,或者说很难用西文表达。

陈寅恪有言"凡解释一字即是作一部文化史",这本小书或在某种意义上属于此类。此书讨论的核心概念是"文明"。近代国人译介、接受、转化文明观念的历程,很能见出彼时人文价值转型的关键视野。当然,要认识这一问题的历史与观念形态,不能仅仅关注"文明"概念,还须论及"文化"概念。它们在西方曾是对一种存在或一种认识的两种表述,识别和区分是后来的事,且不总是泾渭分明。因此,要解释中国近代语境中关乎文明观念的文化价值大转换,那就既要探究"文明"概念的接受史,亦须审视"文明"与"文化"的多重密切关系。如果一定要将这一概念史工作同文化史相勾连,本书所呈现的也只是一个截面而已。这里涉及从何视角查考文明概念的问题,譬如流行已久但后劲不足的新文化史研究方法,可能会有另一种写法。如"中华思想文化术语研究丛书"之约定,此作主要探讨文明概念,与其说是文化史，毋宁说是中国近代思想史的一个截面，当然也离不开文化和社会。

我是以写"科普"的态度接下这一写作任务的，这好像也是这个书系的写作要求。但毫无疑问，这里说的绝对是一个大问题，"文明""文化"是状写人类生活的核心概念，且牵连历史哲学问题，这就难免在说理时偏离通俗或无法通俗。但愿不要让读者太失望吧。

方维规

2022 年 5 月于北京

目 录

第一章

中国人的"地理大发现" / 1

第二章

"文乃道之显" / 13

第三章

中华秩序在东亚的破产 / 31

第四章

日本"脱亚",华夏何在? / 47

第五章

转型时代的"文明"范式转换 / 59

第六章

现代"文明"概念在中国的早期传播 / 79

第七章

双语辞书中的"文明""文化"／101

第八章

"文明之运会"，争做"文明人"／115

第九章

新文化运动中的"文明""文化"之辨／133

参考文献／153

*

第一章

中国人的"地理大发现"

现代汉语用"文化"翻译西方的 culture 概念，用"文明"翻译西方的 civilization。在汉语中，"文化"一词早已有之，可追溯至先秦时期的儒家经典；"文明"一词亦为中国古代固有，而且出现在古典文献中的时间比"文化"更早，《周易》中便有六处运用。这两个有着悠久历史渊源的中国概念，体现出深远的含义；此外，这两个古词之间的关系是很密切的，常有相似之处。换言之，"文明"乃"文"之"明"，即文教昌明；"文化"乃以"文""化"之，即不同于"武化"的文治教化；二者有着相近之处。另一方面，它们虽在整体上还不具备这两个概念的现代内涵，但也有着相通之处。西方近现代意义上的 civilization 和 culture 概念之中文译词，一开始在双语辞书和实际运用中基本上没有明确区分；直到 20 世纪 20 年代，"文明""文化"还时常出现互换的现象。因此，本书所提"文化"概念，一般也指"文明"概念；反之，"文明"亦不排除"文化"。

中国人今天通用的"文化""文明"概念，与它们在中国古代的含义有着很大区别，变化发生在 19 世纪下半叶。换言之，这两个概念的古今含义，既有很大的相关性，又在根本内容上存在巨大差异。鉴于既相连又相异的情形,我想在讨论这两个中国古老概念的含义之前,先探讨一个问题:彼时中国人为何、如何分别用"文明""文化"移译近现代西方的 civilization 和 culture 这两个重要概念。也就是说,先介绍 19 世纪中国人的"地理大发现",以期理解这两个概念的发展变化,并由此回溯它们的本源。

利玛窦(Matteo Ricci,1552—1610)在明末中国所见之世界地图,以大明帝国的十五省为主;散落在四周大海里的若干小岛,其总面积加在一起也比不上中国最小的省份。这形象地再现出前近代中国人所理解的"天下"。于是,利玛窦的《山海舆地图》(1584)和《坤舆万国全图》(1602)给中国带来前所未知的地圆说和万国观,迫使一些士大夫审视中土固有的天下观,并逐渐接受耶稣会士所传播的世界意识。中国人此前一直固守的天圆地方、中国为世界中央的旧观念开始动摇。然而,清代康熙帝禁教之后,中国人不但在地理知识上出现了大倒退,而且在世界观上,"内中国而外夷狄"又逐渐成为中国社会里的常理和常谈,尤其是雍正和乾隆父子的禁教令,几乎断绝了中国同西方文化的所有交往。这一时期正是西方文明突飞猛进之时,中国则日益孤陋寡闻。

1832年，英国东印度公司的"阿美士德"号（Amherst）轮船在厦门、福州、宁波、上海等沿海地区从事侦察活动。主持这一活动的东印度公司广东商馆高级职员胡夏米（Huyh Hamilton Lindsay）在其航海报告中写道："我们到过的大部分地区都发现中国人，甚至高级的中国人士，对于外国人的事情都极端无知。'红毛国'外，还有别的名号。"（胡夏米，1982：54）这一说法基本上符合彼时状况：中国人曾长久地认为，中华大地之外均为愚昧野蛮之人，近似兽类，不会说"人话"，只会像牛一样吼或鸟一样叫。1840年第一次鸦片战争爆发后，有一位名叫汪仲洋的文人，描绘了他初次见到的英国士兵："鹰鼻，猫眼，红胡，双腿不能弯曲，因此不能很快地奔跑，眼睛怕光，因此到了中午就不能睁开。"彼时这么想的，不止汪仲洋一人。两江总督裕谦在给帝国政府的奏折中，也确信英国人不能弯曲双腿："他们如果挨打，便会立即倒下。"后来的事实却证明，鸦片战争中倒下更多的是中国人。

中国从来就有史志，然而记载欧洲事物甚少；尤其是近现代欧洲列强，记录更缺。较早的世界地理知识，多出于明末清初的耶稣会士之手,亦仅限于几种图说。1840 年以前,中国人自己著述的较为可靠的参考书,仅有陈伦炯的《海国见闻录》(1730)、王大海的《海岛逸志》(1791)和谢清高的《海录》(1820)。鸦片战争后,有魏源的《海国图志》(1842、1848、1852)、梁廷枏的《海国四说》(1846)、姚莹的《康輶纪行》(1845)、徐继畬的《瀛寰志略》(1848)等。19 世纪中期的这些重要著说,或多或少以"导论"的形式介绍了世界地理以及外国历史政治概况,甚至成为国人当初放眼看世界的启蒙著作。然而,从某种意义上说,"地理大发现"在很长一段时期内,似乎并不怎么令人信服,至少相当部分的国人不以为然。否则,1876 年到美国费城参加为纪念美国建国百年而举办的世界博览会的李圭,不会在他的《环游地球新录》卷四中留下这样一段文字:

> 地形如球,环日而行,日不动而地动。我中华明此理者固不乏人,而不信是说者十常八九,圭初亦颇疑之。今奉差出洋,得环球而游焉,乃信。(李圭,2008:312)

在李圭之前，志刚的《初使泰西记》记述了中国派出的一个三人外交使团于 1868 年至 1870 年历访西方国家的经过。书中有一段通俗易懂又不同一般的记载：

> 昔自上海乘轮船东过日本，直抵米里坚之西岸，即大东洋[太平洋]之东岸。东洋有东，不但中国不知，日本亦不知。自前朝之洋人，始周历四海而知之。过米里坚至东岸，即大西洋之西岸。大西洋有西岸，亦自前朝之洋人始知之。至米里坚东岸，又须向东度大西洋矣。然则东洋之东，即西洋之西。亦如昔人谓人在墙东，指墙为西；及过墙西，又指墙为东也。由大西洋之东岸，历西洋各国。夫西洋各国在大西洋之东岸，亦如中国沿海各省在大东洋之西岸也。（志刚，2008：371）

时至 19 世纪下半叶，这类论述地球是圆是方、看似幼稚的文字还不少。第一批由清政府派遣赴泰西"游历"，也就是第一批亲自去接触和了解西方文化的代表，当为 1866 年由斌椿父子率领的同文馆学生一行五人，而其组织者则是在中国担任总税务司的赫德

（Robert Hart，1835—1911）。被称为"中土西来第一人"的斌椿，记述自己船行波罗的海时亦发感慨："北面傍山岛。东南望则水天一色，见远船一二微露樯帆，继而止见桅尖，计远去百里外矣。足证地球之圆，非臆说也。"（斌椿，2008：129）甚至到了19世纪90年代，中国驻四国大使薛福成还说："余少时亦颇疑，六合虽大，何至若斯辽阔？邹子乃推之至于无垠，以耸人听闻耳。今则环游地球一周者，不乏其人，其形势方里，皆可核实测算。余始知邹子之说，非尽无稽……"（薛福成，2008：77）

在这个中国人的"地理大发现"时代，至少是先识时务的士大夫们已经认识到九州之外还有九州岛，或如中国第一任驻外大使郭嵩焘所说："茫茫四海，含识之人民，此心此理，所以上契于天者，岂有异哉？而猥曰：'东方一隅为中国，馀皆夷狄也。'吾所弗敢知矣。"（郭嵩焘，2008：961）然而，"中国"毕竟是大称，从传统中走来的人是很不愿意放弃中心地位的。志刚《初使泰西记》中便有一段文字，反映了他近似狡辩的"中国"观：

前在西国，客问使者曰："地球上无之而非国也，'中国'之说何谓也？"使者晓之曰："尔谓'中国'为在中央乎，则大地悬于太空，何处非中？谓在中间乎，则万国相依，皆有中间。谓在中心乎，则国在地面。'中国'者，非形势居处之谓也。我中国自伏羲画卦已来，尧、舜、禹、汤、文、武、周公、孔、孟所传，以至于今四千年，皆中道也；非若印度之佛言空，犹太之耶稣言爱，波斯之拜火，麻哈摩之清真，日本之新德，此大地上之彰明较著者。至于山陬海澨，与夫穷乡僻壤，怪诞无稽者，不可枚举。则所谓'中国'者，固由历圣相传中道之国也。而后凡有国者，不得争此'中'字矣。"（志刚，2008：376）

志刚的论说，很能体现宋育仁在《泰西各国采风记》（1895）中指出的"人之好善，谁不如我，争名之习，人情大同"：为了把自己的作为和成就区别于自然存在和发展，人总是喜欢将自我或本民族的发展变化视为特殊事物；广义而言，这就是文化概念所涵盖的东西。从概念史的角度来看，中国的夷夏之分，与西方文化概念的发展有着极为相似之处：非希腊人即蛮族也，波斯人和埃及人都是"蛮夷"。早在古雅典悲剧作家埃斯库罗斯（Aeschylus，前525—前456）所著的剧作《波斯人》中，"亚洲"一词就是波斯帝国的同义词；古希腊历史学家希罗多德（Herodotus，约前484—前425）的名著《历史》，主题也是希腊与波斯之间、欧洲与亚洲之间的斗争。可见，早在公元前5世纪，"亚细亚"一词就带有贬义，带有独裁和野蛮的色彩。文化观念是价值观念。随着时代的发展，这种文野划分所固有的价值尺度越来越明显，并逐渐成为一种特定的文化界定模式；尤其是欧亚对立之观念，是人类历史上由来已久的思维框架。欧洲历史进入近代以后，希腊词 βάρβαρος（蛮夷）总被用来作为"文明"的对立概念。

"东海西海，心同理同。"中国之夷夏思维框架，无疑也是文明与野蛮的区分。在传统中国意识中，一切与外部世界有关的东西，似乎非要镶嵌上"夷"字不可，且为理所当然的定见。对异域外族的这类"修饰"，仿佛早已扎根于中国人的意识和下意识之中，隐藏于社会无意识之中，很难从彼时"中国思维"中根除。倘若不得不对异国外人直呼其名，人们甚至别创新字，用以贬低，诸如清代史学家梁廷枏《粤道贡国说》所言"嘆咭唎国夷人啵哑哩等来广禀称……"之类的写法并不罕见；最先来到中国的新教传教士 Robert Morrison（1782—1834）的中文名字"马礼逊"三个字，在中国官书中往往全都加写口字偏旁。加写口字旁，似乎是彼时音译外国人名或国名的一个"通例"。根据一般语感，"口"字偏旁颇有兽类之"嘴"的含义，很能刻画形同鸟兽的西人。很有意思的是，希腊语中的 βάρβαρος（蛮夷），原先亦指"口无人言"之外族，"蛮夷"即口中"吧叭"之类。在中国也是同样情形：孟子以降，"华夏雅言"之外的语言皆被贬为"鴃舌之音"，即畜鸣鸟语，并非人言。

利玛窦早就发现："中国人认为所有各国中只有中国值得称羡。就国家的伟大、政治制度和学术的名气而论，他们不仅把所有别的民族都看成野蛮人，而且看成没有理性的动物。"（利玛窦、金尼阁，1983：181）直至鸦片战争之前，清朝皇帝以"统御万国"的天子自居，把所有外国（包括工业革命以后的英国）一概视为"僻居荒远"的"化外"。按照清朝规矩，凡外国使臣前来朝贡，均须在所乘车船上挂上贡使的旗子，觐见皇帝或皇帝的代表时，必须行三跪九叩首的跪拜礼。马嘎尔尼

（George Macartney，1737—1806）为了扩大英国的海外市场，于1793年率庞大使团到达北京，要求中国放松商贸限制，为英国开辟新的港口，并就建立长期的大使级联系等问题与中国政府谈判。马嘎尔尼见乾隆皇帝时，拒绝行跪拜之礼，谈判无果而终。这项礼仪曾经引起无休止的争论，竟然成为那个时代中国接待西方使节时最重要的问题。

第二章

"文乃道之显"

中国社会从古至今，作为"文明""文化"含义基础的"文"，在人们的精神生活与物质生活中地位极为重要。文字、文化、文明、文学、文教、文艺、文人、文物、文科、天文、人文……从物质到精神，"文"几乎无所不在，"文"的意蕴和形式比比皆是，使用颇为灵活，内容极其丰富。"文"是汉语中一个生命力极强的基本概念。随着社会历史的发展，"文"的意义不断累积，有些义项贯穿始终，有些义项逐渐消亡，更有（外来）内涵增补进来，赋予"文"新的活力。

的确，如中国著名学者饶宗颐在其《符号·初文与字母——汉字树》一书中所说："吾华是一个尚'文'的国家。"汉语"文化"由"文"和"化"二字组合而成，乃"人文化成""文治教化"之简称，即根据人类之需来改造自然和社会。这一思想已见于先秦儒家经典。"文明"则由"文"和"明"二字合成，即文教昌明，隐喻对夏、商、周三代的向慕。这两个对人类社会极为重要的概念中均有"文"字，足见这个字的重要性。

我们无法确证"文"究竟产生于何时，许慎《说文解字》推溯至上古伏羲氏："古者庖牺氏之王天下也，仰则观象于天，俯则观法于地，观鸟兽之文与地之宜，近取诸身,远取诸物。"后世称伏羲氏为人文始祖。刘勰《文心雕龙·原道》亦称"庖牺画其始"。伏羲氏所画之"文",是天文、地文、鸟兽草木之文、身文、物文。虽为符号和图画,却表明中国"文"的根本信息。古语"文"之本义,指色彩交错的文理、花纹或图形。如《周易·系辞下》云:"物相杂,故曰文。"《说文解字》云:"文,错画也,象交文。"段玉裁《说文解字注》曰:"错当作逪,逪画者,逪逪之画也。"也就是说,"文"的产生是物多相杂的结果。

许慎《说文解字·序》:"仓颉之初作书,盖依类象形,故谓之文。"也就是意大利哲学家维科(Giovanni Vico,1668—1744)《新科学》所说之"实物文字"。"依类象形"乃汉字重要的构字方式,也是汉字文化的重要思维特征。甲骨文和金文中就有"文"字。"文"之字源,最可能取象于人体,即人体的对称、交错等特征。"文"为象形字,甲骨文写作灿,金文写作灿,像一个人站立的样子,胸前有刺画的花纹。"文"之取象,很可能源于神秘巫术活动的面具或文身,我们可称之为"文"的神文阶段;"文"与天地精神来往,是沟通人神的神秘符号,即《周易·系辞下》所说的"文"能"通神明之德"。

的确，在中国文化的传统叙事中，"文"向来被看作沟通人神、惊天地泣鬼神之大事。

华夏先民很早就发现"文"之现象存在于天地万物之中，天象地貌、鸟兽虫鱼、花草树木，以及人类各种具有结构意义的组合，都显示出"文"的基本特征。概言之，万物皆有文。古代圣人造字，天地万物均为取法对象，在天为天文，在地为地文，在人则为人文。因此，中国古代之"文"，乃天地万物之纹，是宇宙大道的体现，是天地之道的显现，即所谓"文乃道之显"。刘勰《文心雕龙·原道》开篇便说："夫玄黄色杂，方圆体分，日月叠璧，以垂丽天之象；山川焕绮，以铺理地之形；此盖道之文也。"

如前所述，"文"即交错的线画；然而，不是任意交错，而是依据一定原则的交错——此可谓"文"较早的本义。《周易·系辞下》又云："文不当，故吉凶生焉。"《礼记·乐记》称："五色成文而不乱。"这说明"文"也是人改造自然所获得的一种审美效果，具有一定的规律，中国古人因而常用"文理"一词。唐代经学家陆德明《经典释文》曰："文，犹理也。"文理是自然规律的外在表现，中国先民认为这就是"文"所拥有的"理"，其他以"文"

为词根的词语都由此意义衍生而来。在此基础上，“文”又引申出其他含义。其一，包括语言文字在内的各种象征符号。《尚书·序》所载伏羲画八卦，造书契，“由是文籍生焉”，就是这个意思。其二，古代的礼乐制度，又为法令条文。《论语·子罕》载：“文王既没，文不在兹乎？”其三，由纹理之说导出彩画、修饰、人为修养之义。《尚书·舜典》疏曰：“经纬天地曰文。”其四，美、善、德行和教化之义。郑玄注解：“文犹美也，善也。”其五，文采、文饰之义。《左传·襄公二十五年》援引孔子名言：“言之无文，行而不远。”东汉刘熙《释名》：“文者，会集众采以成锦绣，会集众字以成词谊，如文绣然也。”

与“文”组合的“化”，指二物相接，生发一方或双方的变化。“化”的甲骨文写作，金文写作，也就是一个头朝上站立的“人”加上一个头朝下入土的“人”，表示由生到死的改变。古语“化”的本义是“变易”“生成”“造化”，指事物的变化过程。《周易·系辞下》中“男女构精，万物化生”中的“化”，即为“生成”之义，指雌雄结合，生成各种动物及一些植物。《庄子·逍遥游》中的“化而为鸟，其名曰鹏”，此处“化”字，

乃为"变成"。许慎《说文解字》曰："惟初太极，道立于一，造分天地，化成万物。"其中"造分"和"化成"，均为"造化"，指宇宙之发生。《黄帝内经·素问》曰："化不可代，时不可违。"此处"化"指"变化"。从以上所举数例可见，"化"的基本含义是"改变""变化""化而成之"，后来又引申出"改造""教化""培育""迁善""感染"诸义。《荀子·不苟》曰："诚心守仁则形，形则神，神则能化矣。"注释是"化谓迁善也"，又说"驯至天善谓之化"，这便关乎人文的教化、伦理德行的化成，这种意义在古籍中较为常见。

中国古人对于"文化"的理解，可追溯至先秦儒家思想；文化意识至少可以推至东周。孔子推崇周朝的典章制度，说："周监于二代，郁郁乎文哉。"（《论语·八佾》）这里的"文"已经蕴含文化意味。《周易·贲》云："观乎天文，以察时变；观乎人文，以化成天下。"我们或许可视之为中国人思考和论述"文化"的发端，"文"和"化"见于同一语境，只是尚未连在一起。在这句话中，"人文"是指人类社会中的各种现象。统治者可以通过观察天象，了解时序的变化；通过观察人类社会的各种现象，用教育感化的手段来治理天下。三国时期，魏国玄学家王弼《周易注》：“观天之文，则时变可知也；观人之文，则化成可为也。”“天文”是动态的，故在不断的运动中蕴含并显示“时变”；“人文”是动态的，故在不断的运动之中包含并提供了“化成”的可能。并且，“文”逐步由自然属性向着社会属性移动，最终立足于人类社会的现实世界，落实为“化成天下”的基本过程。换言之，“文”从天地万物之文，更多地转向人文制度，由自发原生转变为有意识的人文建构。唐代孔颖达《周易正义》对前引《周易》文字的解释是：“观乎人文以化成天下者，言圣人观察人文，则《诗》《书》《礼》《乐》之谓，当法此教，而化成天下也。”即以儒家传统典籍为依据，教化人们培养良好的社会风俗习惯。“文”成了社会人文之文，既见于社会宗法的礼乐制度，也体现于个人的道德修养。崇文尚德是儒家文化的精髓，也是中国传统文化的基本要素。

就词源而言，“文化”二字连用，最早出现于刘向的《说苑·指武》：“圣人之治天下也，先文德而后武力。凡武之兴，为不服也；文化不改，然后加诛。夫下愚不移，纯德之所不能化，而后武力加焉。”刘向所说“文化”，二字各有独立含义：“文”指文德，“化”指教化。

在这段话中，文化与武力对举，可见"文化"最早的基本含义是"文治和教化"。《左传·襄公八年》："小国无文德，而有武功，祸莫大焉。"汉代荀悦有"宣文教以章其化，立武备以秉其威"之说（《申鉴》）。后来，南朝梁昭明太子萧统所谓"言以文化辑和于内，用武德加于外远"；西晋束皙在《补亡诗·由仪》中亦阐述了"文化内辑，武功外悠"的含义。在这些表述中，文化均是一个与"武功"相对立的概念，亦为儒家尚文的体现。另，古人也在与神性相对应的意义上运用"文化"概念，如南朝齐人王融在《三月三日曲水诗序》中写道："设神理以景俗，敷文化以柔远。"以上各家论说，尽管表述各不相同，意思则相差不大，在很长的历史时期里，"文化"被理解为统治者的施政方式和治理风格，即与"武功""武力"相对立的"文治""教化"。在汉语最古老的用法中，"文化"就是以伦理道德教导世人，以成就平治天下之大业。

宋人司马光说："古之所谓文者，乃所谓礼乐之文，升降进退之容，弦歌雅颂之声，非今之所谓文也。今之所谓文者，古之辞也。"（《答孔文仲司户书》）明人宋濂则在其《文原》中说："凡有关民用及一切弥纶范围之具，悉囿乎文，非文之外别有其他也。”明末清初顾炎武《日知录》所说“自身而至于家国天下，制之为度数，发之为音容，莫非文也”，涵盖人的自身行为和国家的各种制度。综上所述，中国古代的“文化”范畴包括文治教化、礼乐典章制度，以及伦理上的修养和感化，带有强烈的人伦色彩。具有“人文化成”“文治教化”内蕴的表达，早在先秦多有用例，并一直延续至近代。唐君毅在《中国文化之精神价值》一书中对中国传统“文化”观念的概括是："依于‘人者仁也’之认识，以通天地、成人格、正人伦、显人文是也。”

在古代中国，与“文化”含义相近的古典词是“文明”，即“文”之“明”。“明”的甲骨文写作，金文写作，即“日”加“月”，表示白天与黑夜发光的两个天体，或曰日月同辉。前文所述“文”之含义，亦体现于合成词“文明”。“文明”一词出现于古典文献的时间较“文化”为早。同“文”一样，“明”有“显现”之意，而更重要的是其“光明”的意涵从人类的物质生产（尤其是对火的利用）拓展到精神的光明普照大地。唐人孔颖达疏解《尚书·舜典》“睿哲文明”曰：“经天纬地曰文，照临四方曰明。”皆意谓文德辉耀。孔颖达疏解《周易·乾·文言》"见龙在田,天下文明"曰:"天下文明者,阳气在田,始生万物,故天下有文章而光明也。"这里的"文章",既有人由野蛮而渐至文雅的文饰——这是后来儒家继承的文质思想,也指与自然天象相对的属于人文的礼乐法度,这二者显然都只能通过人的思想观念和礼仪制度来体现。文王与汤武之"内怀文明之德",是将"文明"与"道"相提并论。

中国古典亦将"文明"视为进步状态,表示社会在人智进化之中得以进步。汉代焦赣《易林·节之颐》云:"文明之世,销锋铸镝。"意谓文教昌明。又如明末清初李渔《闲情偶寄》称:"辟草昧而致文明。"与文化之"文"相同,文明之"文"也是相对于"武"而言,如前蜀杜光庭《贺黄云表》所说"柔远俗以文明,慑凶奴以武略"。在许多古代典籍中,"文明"大抵意指文教之发达灿然——"有文章而光明"即有此意——指脱离野蛮的文雅,同时指称人文范畴之内的观念和制度。《周易·贲》:"文明映心,钻之愈妙。"吴澄注曰:"文明者,文采著明,在人,五典之叙,五礼之秩,粲然有文,而安其所止,故曰人文也。"《史记·乐书》:"情深而文明。"张守节《正义》:"乐为德华,故云文明。"

在古代中国,"文"是文明起源的标志,指"文化""文明"。《周易·贲》中有"文明以止"之说:"刚柔交错,天文也;文明以止,人文也。"天文即自然物象景观,人文乃社会典章制度。"文明以止"确认了"文"由天上降临人间,神文转化为人文。确实,在春秋时代,神本观念明显衰微,人本思潮广泛兴起。文明之"文"包含政治制度、观念形态、文化现象、风俗习惯、生活方式等,其根本所在当为制度理想之"文",可谓"文者,礼之盛"也。中国人文思想的起源,当为西周的礼乐文化。孔子曾以"文"命名理想化的周朝社会制度,如《论语·八佾》所言"周监于二代,郁郁乎文哉!吾从周",即周之"文"胜过夏商二代,更可取法。

古代"圣人"即成功者,如禹、汤、文王、武王、成王、周公"六君子",无不"谨于礼者",足见"礼"之于政治和社会制度的重要性。"六君子"中,四者在周,更见周代"礼"之重要;周公更是一直被作为"礼乐"的集大成者而广受推崇。他继承并改造夏商两代之礼,使之形成条文,载诸史册。相传为周公所制《周官》,于西汉时期由刘向编订为《周礼》。在古代中国,周政一直被视为"文政"之典范。礼乐文化自周公创制,经由原始儒家推重，至两汉兴旺发达，都对"文"的观念产生了极大影响。当然，我们还必须指出，战国时期，百家争鸣；诸子百家中，只有儒家秉承周公的礼乐文化，但是儒家关于文化、文明的理念，遭到墨、道、法各家的质疑、批评和挑战，例如道家不屑于言文，否定一切人为文饰。

西方不少学者常将"礼"解为"仪式""典礼"，英语译为 rite；另有学者将之英译为 etiquette，亦即"礼节""礼仪"。理雅各（James Legge, 1815—1897）认为，"礼"很难译成另一种语言，他把"礼"英译为"the rules of propriety"，亦即"礼节、礼仪之定规"。辜鸿铭（1857—1928）则在其 1898 年的《论语》英译本中，把"礼"译成 art，亦即 the practice of art，赢得不少现代学者的赞赏，被看作较为符合"礼"文化内涵的译法。art 除了"艺术"之外，还有"人文"之意，可释为"文化""文明"。一方面，通过形式化的典章文物，昭示人文教化的等级秩序和政治理念；另一方面，"礼"是对个人之社会行为和道德行为的"文化"要求。《礼记·表记》云："君子服其服，则文以君子之容；有其容，则文以君子之辞；遂其辞，则实以君子之德。"《论语·雍也》称："质胜

25

文则野,文胜质则史。文质彬彬,然后君子。"

从以上论述可以见出,"文化""文明"观念在中国发生甚早,且时常相互勾连和交融。我们若做一个简单的中西比较便可发现,从古代到近代,中西方的文化观念有着两条互不相干的发展路线;就原初意义而言,中西古代的文化观很不相同。西方的"文化"(culture)概念最初指涉物质生产活动(耕种、栽培等),是纯粹的物质过程,后来逐渐演化和拓展,向精神活动延伸和转变。而古代中国主要是在文治教化、文德昌明、礼乐典章制度的意义上使用"文化""文明"概念,与"自然"关系不大,精神内涵和道德意味远大于物质活动。《周易·恒》:"圣人久于其道,而天下化成。"孔颖达《周易正义》所言"圣人观察人文,则《诗》《书》《礼》《乐》之谓",都指向形而上的精神实体。中国古人秉承《周易》"化成天下"之圣教,从精神层面看文化、论文明,乃是一贯沿袭的基本思路,包含制度建设、礼仪风俗、道德培养、人格修炼等诸多层面的人文理念。这种文化观基本上没有大的变化,一直延续到19世纪末至20世纪初。

而另一方面,带有浓重文化优越感的中国"文明"

观念，总是同"他者"思维联系在一起，并在历史进程中有所发展。从《周易》和《尚书》中的"文明"一词来看，都以不文明的"他者"存在为前提，即针对"野蛮"而言。《周易》中的"文明"相对于"威武"而言，《尚书》之"文明"则与"无教养"对照。这同西方的 civilization 概念有着共同之处。或者说，中国古代的"文明"（"文化"）概念，尤其在和"野蛮"相对的语境中，最易与现代西方"文化""文明"观念相通。

华夏文明意识是在先秦"夷夏之辨"与"文野之分"的基础上形成的。夷夏之辨始于西周；春秋时期，周天子式微，齐、晋等诸侯国竞相打出"尊王攘夷"的旗帜，挟天子以令诸侯，增强了对中原文化的认同，加强了诸夏文化的一致性。在"尊王攘夷"过程中，一个诸侯的行为是否"合法"，取决于其是否遵循周礼；以周礼为核心的价值观在诸夏的互动中不断完善和强化，华夏文明意识初步形成。中原何以称"华夏"？《左传·定公十年》孔颖达疏曰："中国有礼仪之大，故称夏；有服章之美，谓之华。"华夏文明因"礼"而优于缺乏"礼仪"和"服章"的周边四夷。这种华夏中心主义的文明观念，在华夏文明形成之时就已出现。

中原与四夷之差异，主要体现在语言、习俗、生活方式等方面。《礼记·王制》中对四夷的描述："中国戎夷，五方之民，皆有性也，不可推移。东方曰夷，被发文身，有不火食者矣；南方曰蛮，雕题交趾，有不火食者矣；西方曰戎，被发衣皮，有不粒食者矣；北方曰狄，衣羽毛穴居，有不粒食者矣。"正因为夷狄不具备以周礼为核心的价值观，只能是"野蛮"的"他者"。这是夷夏之别的根本原因。孔子修《春秋》也是"内诸夏而外夷狄"，内外有别，即《左传》所云"非我族类，其心必异"。于是，这些观念也都相应地定型于文字表述之中，体现在"夷"的划分亦即人禽之界、夏夷之界中，且都被看作对社会发展程度和世界秩序的根本性见解。辨夷夏而举禽兽为比，中国早已有之，如《孟子·滕文公上》说道理而将人比同禽兽："人之有道也，饱食暖衣，逸居而无教，则近于禽兽。"根深蒂固的"德华兽戎"观念，意味着等级和名分，长期使人坚信中国政治文化的优越性和独特性，很容易导致中国文化中心主义。

中国很早就已形成统一的中央集权国家和严密的宗法制度。在其漫长的历史进程中，儒学既是文化的指导思想，又是文化构成的主干，其核心是忠孝节义的纲常伦理。这种文化体系的明显特征是其单一性、凝聚性和稳定性；对于外来文化，或抵制摈斥，或吸收融合。因此不难理解，历史上多次较大的外来文化之输入，都未能突破和改变中国传统文化体系，原因无外乎儒家文化结构自身的衍变和发展。中国传统的对外习惯完全受到儒学思想的支配；具有文化优越感的华夷思维框架，上接两千多年前的春秋夷夏辨，几乎成了一种人类学常数和文化代号，长期伴随了中华文明的成长。北宋时期，面临北方民族的政权威胁，石介（1005—1045）的《中国论》很能反映传统的夷夏观念："居天地之中者曰中国，居天地之偏者曰四夷。四夷外也，中国内也。""仰观于天，则二十八舍在焉；俯察于地，则九州分野在焉；中观于人，则君臣、父子、夫妇、兄弟、宾客、朋友之位在焉。非二十八舍、九州分野之内，非君臣、父子、夫妇、兄弟、宾客、朋友之位，皆外裔也。……各人其人，各俗其俗，各教其教，各礼其礼，各衣服其衣服，各居庐其居庐，四夷处四夷，中国处中国，各不相乱，如斯而已矣。则中国，中国也；四夷，四夷也。"这就是清末何启、胡礼垣在其《新政真诠·康说书后》中所说"中国历古以来自以为大一统之国，中华而外，举不过夷蛮戎狄之

人,无足挂齿"。(何启、胡礼垣,1994:249)

然而,中国夷夏观中另有一个独特现象,即"互变"观。在中国历史上,华夏文明曾多次受到北方游牧民族的侵扰,但那都是政治和军事胁迫,而非文化意义上的威胁,南下的游牧民族很快就在文化上被中原征服和同化。华夏文明的"自我"与"他者"区分,首先是文化差异之区分,这就有可能出现夷夏之间的"互变"。例如曾被明代遗民及追随者视为蛮夷的清代皇室在"入主中原"之后,出于清帝国意识形态之需,援恃《孟子》所言舜为东夷之人、文王为西夷之人的说法,宣扬以德为王、唯德是从,为满族问鼎中原政权的合法性寻找依据:进于中国则中国之,降于夷狄则夷狄之。也就是说,夷夏界限常常是模糊的,文化上可以"用夏变夷",亦可"夷变为夏"。这也是中国的"文明"概念之含义直到19世纪中叶依然与先秦时期没有多大差异的重要原因;而且,华夏文明一直在东亚处于中心地位。

第三章

中华秩序在东亚的破产

1500 年前后，世界上存在欧洲秩序、东亚秩序、伊斯兰世界这三个独立的文明圈。1648 年的《威斯特伐利亚和约》（德语 Westfälischer Friede、英语 Peace of Westphalia）开启了现代意义上的国际关系体系，它以各国主权平等和遵守国际法则为前提，并以西方文化亦即基督教文化为理念和原则。随着大航海时代的启程，西欧列强把近代条约体系（treaty system）的理念和规则推广到世界各地。时至 19 世纪，文化和文明成了欧洲人唯我独尊的价值标准，欧洲称霸世界被视为理所当然的事情。

在这之前，以中华文化为中心的东亚，长期处于世界领先地位。中华秩序以华夷思想为核心，以朝贡体制为构架。中国历来将自己视为世界中心，"华"是文明中心，而周边均为落后的蛮夷。这种以文明程度来确定彼此地位的传统形成具有等级差别的文明圈。因周边国家和民族曾认可这一文明标准和华夷内外的思维模式，日本、朝鲜半岛、越南等古代东亚各国都接受了中华文化，使之获得文化普遍主义的意义。所谓朝贡秩序，即中国作为天朝上国，皇恩教化四海，邻国履行一定的程序便可成为朝贡国。换言之，古代中华秩序中只有两类国家——进贡国和纳贡国。东亚"朝贡体系"很长时期是世界上覆盖面积最大、人口最多、结构最稳定的区域性国际体系,华夏文明的国际生存环境一直没有发生根本性的变化,也不具备发生彻底变化的条件。同时,中华文化圈也是一种以共同文化认同为基础的价值体系。

"文化圈"(德语 Kulturkreis、英语 Culture Circle)概念最早由德国民族学家弗罗贝纽斯(Leo Frobenius,1873—1938)提出,另一个德国民族学家格雷布纳(Fritz Graebner, 1877—1934)对之做了系统阐释。根据"文化圈"之说,世界上存在若干文化圈,每个文化圈由核心(文化来源地)和边缘(文化受容区)组成,具有物质文化和精神文化的诸多共有成分。饶宗颐说:"造成中华文化核心的是汉字,而且成为中国精神文明的旗帜。"(饶宗颐,2000:174)"汉字文化圈"指(曾经)使用汉字并承袭汉字文化传统的民族与国家。拥有汉字这一"符号"(sign),也是亚洲不同于其他文明区域之最显著的特征。"汉字文化圈"的共性是汉字、汉文、儒学、华化佛教、中国式律令制度,以及中国式生产技术、生活习俗等。泛宗教视角的"儒教文化圈""华化佛教文化圈"而外，亦有人以器物为喻，将之俗称为"稻米文化圈"或"筷子文化圈"。

中国文化是日本、朝鲜文化之母；近代之前两国的文明观，是以中华文明为母体形成的。在源远流长的文化交流中，日朝两国吸取了大量中华文明的成果。早在远古时代，居住在中国和朝鲜半岛的先民就有许多来往，有文字记载的交往已有三千多年历史，比中日交流的历史更为悠久。并且，中朝交流还时常充当中日交流的桥梁，将许多中国文化传播至日本，包括汉字和佛教。

古代朝鲜与中国时分时合。西汉元封二年（公元前109年），汉武帝东征朝鲜，设立四郡，开始了中原王朝对朝鲜半岛北部长达四百多年的统治。朝鲜曾积极引入中原文化，引入汉字和儒学；佛教亦在384年传入朝鲜。这一切都使朝鲜文明取得了长足的进步。徐居正、郑孝恒奉朝鲜成宗之命编撰的《东国通鉴》，是朝鲜半岛的第一部通史。徐居正称"衣冠制度，悉同乎中国，故曰诗书礼乐之邦，仁义之国也，而箕子始之，岂不信哉"。高丽仁宗曾下诏，要求民人"景行华夏之法，切禁丹狄之俗"。《成宗实录》曰："吾东方自箕子以来，教化大行，男有烈士之风,女有贞正之俗,史称小中华。""中华"者,即"最文明之国","小中华"者,即"中华第二",不敢僭越中国天子。

1592 年至 1598 年(即明万历二十年至二十六年),日本、中国、朝鲜之间爆发战争,中国史称"万历朝鲜之役",现在朝鲜和韩国大多称之为"壬辰祖国战争"或"壬辰卫国战争"。战争起因是丰臣秀吉统一日本之后,着手实现其称霸亚洲的事业。1591 年,丰臣秀吉以"假道入唐"之名,致函朝鲜国王宣祖李昖,希望其协助日本次年春天假道朝鲜进攻明朝。朝鲜未予答复,丰臣秀吉于 1592 年突然出兵,朝鲜节节溃败,因而求救于宗主国明朝。万历皇帝派兵抗倭援朝,挽救了朝鲜王朝。在朝鲜李朝的历史记载中,万历皇帝一直享有极高声誉。直至后来朝鲜被迫尊奉清朝之后,朝鲜朝臣依然以"神宗皇帝再造之国"和"神宗皇帝所活之民"自居,并且坚持明朝纪年,长期隆重祭祀万历皇帝。朝鲜人的这种认同,不仅将自己的国家与明帝国相联系,更是将朝鲜王国与大明帝国所代表的中华文化联系在一起。

1644 年,明朝国都北京被攻陷,崇祯皇帝自杀,清军入关，清王朝取代明王朝。明清鼎革之后，朝鲜儒者判定清朝统治的中国已失去"中华"资格。由于几经王朝覆灭，因而除了文献与废墟外，唐代帝王荣华与宋代社会典雅早已无从说起。尤其对于大明王朝，朝鲜人曾经长期怀有深切的认同。朝鲜不仅在政治上，而且在文化上也认同明帝国——其国号"朝鲜"就是14世纪末明太祖朱元璋选定的。在朝鲜人眼里，明代的汉族政权，象征和代表了中华文化。因此，与日本人相比，彼时朝鲜人对于中华文化的怀旧，有着明显的失落感和酸楚。

满人入主中原后，甚至经康熙、雍正、乾隆三代，明朝覆亡已经百余年，朝鲜人仍不时流露出对明帝国的思慕，与之相伴的是对不得已而朝觐清朝皇帝的怨愤之意，乃至有人时刻在等待时机，以待天下有变，可以洗耻复仇。当初在明朝，朝鲜使臣及其随从无数次到中国朝觐，其纪程通常称为《朝天录》；"朝天"之谓，不仅表示政治上的臣服和经济上的朝贡，还蕴含文化上的向心。在清帝国时期，朝鲜人依然到中国朝贡，但他们从来认为，中国当为中华，中华本义文明，而现在帝国的主人不是汉族，所以"明朝之后无中国"。他们前来这个新宗主国朝贡，不再是朝觐天子，而只是到燕都出差而已。因此，昔日之"朝天"，只被看作"燕行"。朝鲜人很自信地认为，朝鲜当为正统中华文明的继承者和发扬者，朝鲜使者穿戴着大明衣冠来到清帝国朝贡时，充满了对汉族文化——亦即自我文化的自豪感，以及对满人的鄙夷。当然，这种鄙夷不仅在于衣冠，更在于政治理念——正宗的程朱理学。这些在《燕行录》中有详细记述。

朝鲜使者认为，清朝民风民俗败坏在于蛮夷当政，而且中华文物沦落已久，文化血脉不再正统、彻底沦丧。在他们眼里，朱子之道仍然是朝鲜帝室之家学，而清代文人讨论《春秋》，居然不遵朱熹之说。孔圣作《春秋》，专为上下之分、内外之别，而清代从官府到士大夫，忌讳华夷内外之说，实为失旨。清代所谓"理学"与朝鲜的朱子学相比，实有天壤之别。这些都能见出朝鲜才是"中华"，清帝国乃"蛮夷"。他们责备中国人不思明朝，实为不思中国。不仅是朝鲜的官员士人，修明史者亦十分重视华夷之说，视明朝灭亡后建立于中国南方的"南明"政权为"我朝"、清朝为"奴"。朝鲜对于"大明"的历史记忆，一直在否定清帝国的合法性。甚至在 18 世纪中叶以后，依然将明朝记载为"皇朝"，认定南明为正统王朝，多采用南明的年号。"皇明"仍然是朝鲜的"父母之邦"，而朝鲜是"蒙受神宗派遣援兵再造恩惠之国"。

随着世道的变化，尤其是西学东渐的加剧，围绕华夷内外、东方与西方的认知也在变化，传统中华文明观大为动摇。时至 19 世纪下半叶，东亚在西方现代体系的冲击下大势已去，最终导致东亚文明秩序的彻底崩溃。最为典型的对比是快速西化的日本帝国的形成与每况愈下的中国。朝鲜在甲午战争后受日本控制而断绝与中国的宗藩关系，最终于 1910 年被日本吞并，丧失国家主权，沦为殖民地。

自公元 4 世纪首个统治日本列岛大部分土地的大和国建立后，日本一直经由朝鲜半岛诸国吸收来自亚洲大陆的文化，首先是来自中国的文化。4 世纪至 9 世纪，一方面有"渡来人"带来亚洲大陆的文化；根据《日本书纪》记载，佛教也于 552 年传入日本。另一方面，日本也派出遣隋使和遣唐使，积极吸收中国文化。前文所说"小中华"思想，即中国周边的民族或国家自认"中华"的意识。日本早有小中华思想，日本古代的令制国之一大和国（又称“倭国”“大倭国”，存续时间为 4—7 世纪），甚至也以“中国”自居，称日本群岛上尚未纳入其统治的族群为夷。元朝皇帝忽必烈与属国高丽于 1274 年和 1281 年两次派兵攻打日本，史称“元日战争”；日本则称这两次侵略为“元寇”或“蒙古袭来”。蒙古大军第二次出征（即日本所称“弘安之役”）失败之后，蒙古军不可战胜的神话被打破，日本视自己为神国，不时批评中国不再是华夏，私下甚至称朝鲜为“近藩”、中国为“远藩”。后来，日本自称“中国”“华夏”之事常有发生。日本天皇长期自称“日出之天子”“东方之中心”。

就历史而言，所谓东亚文明的“一体性”，一般想到的是汉唐中华的时代，想到儒家文化圈、汉字文化圈等概念。万历朝鲜战争爆发之后，日本脱离了以中国为中心的华夷秩序，与中国断绝了官方往来。1603 年，德川家康在江户开设幕府，日本进入近代之前长达两个半世纪的“近世”。期间，德川政权曾试图重新加入华夷秩序，恢复对华朝贡关系，然而没能成功。尽管如此，中华文化和儒家思想却在日本走向鼎盛。为了在长期社会动乱之后重整统治秩序，江户初期的“内治”

推崇"文治"。朱子学成为官学,儒学修养成为举贤任能的重要标准,是武士的基本教养。在那个时代,儒教不是文化之一,而是唯一。中华文化空前普及,礼乐、书数、衣服、舟车、农具、武具、医药、针灸、官职、位阶、军法、武艺,乃至其他诸种工艺技术,无不源于中华,无不习于中华。另有花道、茶道和香道,都伴随着汉传佛教进入日本,成为日本艺术的重要组成部分,并称为"雅道"。的确,在很长的历史时期内,日本人纵然知道中国之外还有他国,也皆视为夷国,而非中华的圣人之道。

1644 年的明清易代无疑对日本人的中国观——亦即华夷观——产生了关键性影响。清军入关前,日本虽游离于华夷秩序之外,但尚认同中华文化;清朝取代明朝以后,中国中心秩序受到日本的严厉批判,日本对其一向仰慕的中华文明转而采取了轻蔑态度。在日本儒者眼中,清朝入主中原,实属中国"失格",中华已沦为夷狄,华夷关系易位。这便是著名的《华夷变态》之成书背景。自 17 世纪 30 年代起,德川幕府实行锁国政策,但保留长崎一港对中国、荷兰通商,长崎便成为日本了解外界的唯一窗口。《华夷变态》是长崎的最高行政机构长崎奉行上报给德川幕府的中国形势报告书(即口述史料《唐船风说书》)汇编,后由幕府儒官林春胜(1618—1680)、林信笃(1644—1732)父子整理成册,所收报告书2000多件,起止年代是1644年至1724年。时间正从清人入主中原算起,以呈现中华变为夷狄的过程,书名也由此而来。林春胜在1674年撰写的序言中写道:"崇祯登天,弘光陷虏,唐鲁才保南隅,而鞑虏横行中原,是华变于夷之态也。"

这一体现当时日本人所见华夷秩序已经"失序"的珍贵史料,很能反映彼时日本人面对中国变局的思想心态和价值判断。在他们眼中,清代是外族统治汉族,无异于元代。日本的图鉴、书籍则把大明人和大清人看作两国人。他们对清人充满蔑视嫌忌之情,称之为鞑靼、奴儿部、鞑虏、奴酋。与此同时,江户时代的"日本型华夷秩序"逐渐形成。日本人认为,自古未被异族控制的日本是中华文明之唯一合法继承者。不仅如此,《华夷变态》记载,南明势力先后十七次乞师日本,始终未获得德川幕府援助,而这种"称臣自小",助长了日本的优越感。山鹿素行(1622—1685)在其汉文历史著作《中朝事实》(1669)中,也号称日本是中华文明的继承者；他以日本为世界中心，称日本为"中华"或"中朝"。
这种思想和《华夷变态》所体现出的华夷之辨，为"水
户学"所继承，对幕末"尊王攘夷"运动产生很大影响，
促进了明治时期的国体思想以及皇国史观。

随着大和民族自我意识的成长，加之日本人认为中
华文明已经易主，日本朱子学早在德川中后期就发生了
变异。在日本儒者看来，与满族统治的清朝相比，德川
日本赓续了中国的先王之道，这不仅使日本文明能与中
国文明相提并论，还在很多方面超越了中国。这种"小
中华"甚至"中华"思想是近代日本重塑其文明观的
重要起点。兴起于德川中后期的复古国学，竭力神化日
本，认为以天皇"万世一系"的神国日本，已有资格成
为中华。本居宣长（1730—1801）甚至宣称，儒家无"道"，
故日本人不可盲从儒学；中国亦无"道"，唯日本是有
"道"之国。另一方面，欧洲文化于16世纪中叶进入日本，
也给日本带来很大刺激，导致以中华为是的传统文明观
出现了分化。在吸收和消化西方文明的过程中，日本的
兰学家[1]发现，相对于自己是"他者"、相对于西方又属

1　兰学指江户时代中期后，日本研究西方学术的学问。因通过荷兰人和荷兰语学习
研究西方科学文化，故称。兰学家即相关领域日本学者。

于"自我"的中华传统文明,既非唯一选择,亦非最高境界,西方文明亦不乏可贵之处。换言之,兰学家的文明观并不否定中华文明的价值,但日本人眼中的中华传统文明,已经不再那么神圣了。明治维新后,随着"脱亚入欧"思潮的兴起,日本更是不认清朝为中华而称之为"支那",并且以"中国"自居者日渐消散。日本的西化和现代化努力,再也不在乎中国文化。

最后再简要论及越南。古代越南或许是中国周边对"中国"认同感最为强烈的,甚至把自己认为是"中国"。10世纪前的大部分时期,越南受到中国的直接统治,在汉代曾是中国领土,民众自视为汉民。同日本一样,古代越南曾系统接受了儒学思想,为自己深得教化、运用汉字而自豪。968年,越南脱离中国,成为中国的藩属国,但在东南亚以"中国""中夏"自居,称他国为"蛮夷"。因为相对独立,越南还时常称呼中国本土为"北朝"、自己为"南朝",认为天下有南北两个"中央帝国"。尤其在中国屡弱衰败、外敌入侵之时,越南会把自己看作正统中华,以东亚文明的继承者自居。满人入主中原之后,越南、朝鲜和日本一开始均不承认清朝。后来,清朝强盛之时,这三个国家才承认满人统治的事实，但不认其为正统，只视之为中华和蛮夷的转换，而且都自以为是"华"非"夷"。越南则依然认为自己有在东南亚传播中华文明的责任。

以上论述中可以见出，"万历朝鲜之役"（1592—1598）后的日本、明亡（1644）之后的朝鲜和越南，与它们的文化母国渐行渐远。尤其是明清鼎革带来的所谓"华夷变态"之时局，使得"本为一家"的东亚各国逐渐变得互不相识，用《燕行录》卷七十所载出使清帝国的朝鲜使者的话说："衣冠非我也，语言非我也，风土非我也，形形色色，触境可骇。"各国朝野弥漫着对清帝国的蔑视。朝鲜称清帝为"虏王"，越南自称"中夏"，日本当仁不让也要做"中华"。也就是说，谁都在争"华夏正统"，充分暴露出这个看似同一的文明体内部的巨大隔阂。换言之，原本建立在华夏文化基础之上的中华秩序出现了巨大裂痕。因此，历史学家葛兆光不满于当代学者（包括中、日、韩三国的学者）谈论"亚洲"时喜于把"东亚"看作与"欧洲"或"西方"相对应的文化共同体、视之为不言而喻的存在。在他看来，若说这个"东亚"确实存在，那也是17世纪中叶以前的事情。彼时的日本和朝鲜，确实认同甚至仰慕中华,彼时的中国令人心悦诚服。可是在以后几百年的观念世界中,日本和朝鲜似乎逐渐放弃了对于中国的文化认同,放弃了那个汉唐宋时代可能有过的"东亚"文化共同体,已经各怀异志。

第四章

日本“脱亚”，华夏何在？

自19世纪中叶起,东亚经历了重大转折的非常时期。此前,东亚是一个相对独立的国际社会:中国文明处于中心地位,朝贡则是相对稳定的国家关系纽带。尽管从汉唐至明清,历史在不断变化,日本和朝鲜文化逐渐获得各自的特征,但直到1840年第一次鸦片战争爆发,也就是中国的孱弱尚未彻底暴露之前,日本和朝鲜的传统文明观虽已日渐动摇,但是传统根基还在,尚未实现蜕变。然而,在"西势东渐"的趋势下,东亚的优势逐渐减弱。1840年中英鸦片战争之后,日本、朝鲜也面临列强叩关的危险。与东亚的传统"华夷秩序"相比,西方条约体系占尽优势;它的猛烈冲击,导致"华夷秩序"的崩溃。中国周边一些国家被迫与西方列强签订不平等条约,从而脱离了中国秩序,并在很大程度上接受了西方价值观、国际法体制、外交惯例等。西方强大的近代文明,随着坚船利炮汹涌东来,导致东西方文明"强行融合"这一前所未有的历史现象。

然而,从文化观念来看,当时并无真正的"融合"可言,而是东西方两种自我中心主义的文明观之间的碰撞。欧洲人主要依仗其经济和军事实力,将中国纳入西方主导的国际体系和国际秩序之中,依照的是欧洲的价值体系和文明标准。而按照西方文明标准或文明等级，中国已不再是启蒙运动时期莱布尼茨（Gottfried Leibniz，1646—1716）、伏尔泰（Voltaire，1694—1778）等思想家所赞扬的美好国度，晚清中国不过是一个"半文明"或"半野蛮"之国，西方以此给其侵略扩张行径套上合法外衣，美其名曰"传播文明"。同样缘于西方的经济和军事实力，晚清政府在与西方国家的交涉过程中，几乎丧失了话语权。"半野蛮"的中国在国际法与国际社会中只能"部分被承认"，西方国家在处理与中国的关系时，自然采取双重标准。他们一方面以国际法保护外国公民、自由通商、派驻领事等条款为由，对清政府提出各种要求；另一方面，他们认为国际法不完全适用于"半野蛮"的中国，甚至否认国际法所赋予的国家主权和平等权利。对此，时任中国驻英、法、意、比四国大臣的薛福成曾在其《论中国在公法外之害》（1892）一文中写道："自是以后，西人辄谓中国为公法外之国，公法内应享之权利，阙然无与。如各国商埠，独不许中国设领事官；而彼之领事在中国者，统辖商民，权与守土官相埒；洋人杀害华民，无一按律治罪者；近者美国驱禁华民，几不齿中国于友邦。……公法外所受之害，中国无不受之。……近年以来，使臣出驻各国，往往援据公法为辩论之资，虽有效有不效，西人之旧习已稍改矣。"对于中国被排斥于国际法之外的情形，康有为也在其颇具影响力的《上清帝第五书》（1897）中写道："按其公法均势保护诸例，只为文明之国，不为野蛮，且谓剪灭无政教之野蛮，为救民水火。"

　　在西力冲击之初，中、日、朝都曾有过"斥洋论"，并推行"闭关自守"的对外政策。但是，对彼时东亚三国来说，西方文明虽然难以接受，却又无法抵挡，似乎是不可绕行之路。如此，东亚文明便无法避免被西方文明侵蚀的遭遇，加之西力东渐使中日两国先后陷入殖民危机。中国在第一次鸦片战争中的惨败，对日本人也是一次强力震慑，彻底改变了日本人心目中的中国形象。昔日备受仰慕的中华，不再是模仿和追赶的对象，而成为日本避免重蹈覆辙的教训，"日本小中华"也成为昔日的错念。为了禁止基督教的传教所引起的动乱，在稳定环境中发展自己的独特文化，从江户时代德川幕府颁布第一次锁国令（1633）开始，虽然日本与外国的贸易关系并未完全终止，例如与荷兰和中国的贸易来往仍在继续，但"锁国"是日本长达一个多世纪所实行的外交政策，并严禁日本人出海，直到 1853 年和 1854 年"佩里叩关"为止。美国的东印度舰队司令佩里（Matthew Calbraith Perry，1794—1858）率领士兵登陆日本，向日本天皇递交了美国总统的国书，要求日本对西方开放，史称"黑船来航"。1854 年签订《日美亲善条约》（即《神奈川条约》）；1858 年，日本又分别与美、荷、俄、英、法五国签订了不平等的通商条约，锁国告终，民族危机成为日本的现实。之后，经历了"萨英战争"（Anglo-Satsuma War, 1863）和长州"攘夷"的惨痛失败后，日本的社会精英们开始醒悟，认识到与强大的西方文明角力徒劳无功。既然无法对抗，只能改变自己，以适应新的世界秩序。德川幕府的垮台和明治政府的建立，便是日本为应对时局做出的新选择。

彼时的日本认为，近代化意味着抛弃业已持续的封闭体系，从政治、经济、文化、思想上全方位地向西方世界开放，实现向开放社会的转换。日本以明治维新为契机，大力吸收欧美文化，并成功走上了资本主义近代化道路，在东亚率先实现了民族独立。至此，东亚国际关系发生了巨变。与中华帝国的急速衰落相比，明治日本的急速兴盛使传统文明变成"文明的遗产"。在此过程中,东亚文明体系先是被外来强权所否定,接着又在与外来文明的比较中被自我否定。中日之间原有的华夷文明史观以及在此基础上的相互认识和现实关系,也不得不在新的世界格局中重新审视。鸦片战争后,中国在东亚国际舞台上从中心滑向边缘,从历史文明的创造者沦为落伍者。在西方殖民主义所构建的近代东亚条约体系中,中国处于受制于人的屈辱地位,国力积弱,甚至面临被人肢解瓜分的局面。

19 世纪 60、70 年代,日本在实现"富国强兵""殖产拓业""文明开化"三大维新目标的过程中逐渐认识到,要实现三大国策,就必须割裂几千年来同中国及其文化相交融的历史。日本选择了"弃旧图新""脱亚入欧""与西洋文明国家共进退"等发展策略,新的"理论"和"策略",都旨在实现"去中国化"的总目标。最后,近代日本成为亚洲唯一成功吸收西方文明、蜕变为欧洲型国家的民族国家。这使其在东西方文明中处于"特殊位置",由此生发的日本文明优越观日益膨胀。日本最终把文明扩张看作国家使命,叫嚣要完成统一东西方文明的使命。

"佩里叩关"揭开了日本近代的序幕,引起了史称"脱亚入欧"的第一次文明观转换。就明治政府强力推行三大国策中的"文明开化"而言，那不仅仅是一种吃牛肉、穿洋服、跳洋舞的移风易俗，而是一场与工业革命和制度改造并重的思想变革，是日本近代的启蒙运动，福泽谕吉（1835—1901）则是站在运动前列的旗手。竭力为国家设计方向的福泽谕吉所倡导的文明观，不仅影响了一代日本人，塑造了近代日本的对外认识，也间接影响了日本政府的对外政策和战略走向。日本随着实力的不断强大，逐渐可比肩于欧美列强，19世纪末便很快步入对外扩张、侵略邻国的军国主义之路。这就是福泽谕吉所宣称的自己毕生为之奋斗、使日本"脱亚入欧"的"文明"之路。

明治元年（1868）前一年，福泽谕吉就已在其《西洋事情外编》中专辟"世间的文明开化"一节，介绍西洋文明，拉开了其文明论的序曲。1875年发表的《文明论概略》，堪称一份告别东方、投向西方的宣言，同时标志着日本近代知识阶层突破了此前传统儒学的华夷观，开始以西方文明史观来观察和认识世界。受基佐《欧洲文明史》（ François Guizot, *Histoire générale de la civilisation en Europe*, 1828 ）和巴克尔《英国文明史》（ Henry Thomas Buckle, *History of Civilization in England*, 1857 ）中"单线式文明发展理论"的影响,福泽谕吉从进化的历史观出发,将人类社会发展分为野蛮、半开、文明三个阶段,视欧洲诸国及美国为当代最文明之国,土耳其、中国、日本等亚洲国家为半开之国,非洲、澳洲为野蛮之地。另外,对于野蛮而言,中国可被看作文明之国,而与西洋各国相比只能是半开之国。

在分析中日两国何以"半开"时,福泽谕吉虽未否认儒佛二教在日本从"野蛮"走向"文明"之历史进程中的积极作用,但他断定,儒家思想使人变成精神奴隶,导致社会停滞不前。在他眼里,"自尧舜以来四千年间,上下皆习惯于专制独裁的恶劣风气,陶醉于阴阳五行的空论,几亿人置身文明之外,玷污了大半个亚洲"。中国这一昔日的"礼仪之邦"已面目全非,华夏国体荡然无存,儒学乃"虚学";日本也是无一能高于西洋,无一能和西洋相比。而使中国"蒙昧落后"的儒学,正是妨碍日本"文明开化"的原因,日本人的封建意识和习俗之核心正是儒教观念。因此,唯有吸收西洋文明,才能巩固日本国体,为皇统增光。他根据"儒教 = 中国文明"的公式,认为"文明主义"即"反儒教主义""打倒儒教宗主国",竭力主张扫除儒教对日本的影响。他后来构建的"脱亚"思维,已在《文明论概略》中初见端倪。

1885 年 3 月刊载于《时事新报》上的《脱亚论》,是福泽谕吉的又一名作。这一年是明治十八年,日本经过十八年的不懈努力,以西欧列强为模范,在吸取西方文明的近代化路途上大步疾进、大获成功。这便是"脱亚论"出炉的历史和思想背景。福泽谕吉将日本誉为"东洋文明之魁",提出"东洋盟主论",主张日本在东亚担当领袖。与此同时,他对中国和朝鲜产生蔑视感,视之为非文明或劣等文明,后又将两国划入野蛮国家之列。他认为中朝固守古老传统,如果不采纳西洋文明,将不能维持独立,势必难逃被世界列强瓜分的命运。因此,他宣称日本有义务保护东亚,负有使邻国"文明化"并共谋大业的使命,即便是进行武力胁迫也在所不惜。然而,福泽谕吉看到邻国"文明化"无望,尤其是由日本主导中国的"文明化"毫无可能,加上恰逢清朝在中法战争中失败,便提出了著名的"脱亚论"。这篇言辞犀利、观点鲜明的短文,前半部分论述日本脱亚的必要性:西洋文明所向披靡、不可抗拒;智者当与时俱进,沉浮于文明之海,与文明共苦乐,力助其蔓延,让国民尽快沐浴风气；日本自明治以来，顺应这一潮流，万事皆采用西洋近时之文明，在亚洲独领风骚，一切都归功于"脱亚"。该文后半部分论述了告别"恶友"的必要性：中朝两个近邻墨守成规、冥顽不化，全不知改进之道，亦不懂得自省；中朝对日本毫无助益，且令西洋人以"近墨者黑"看待日本，间接成为日本外交的障碍；因此，日本应当"于心底里谢绝亚细亚东方之恶友"，不与之为伍，而"与西洋之文明共进退"，并按照西洋人的方法对待中朝，即参与西方列强对亚洲的侵略。

被喻为"福泽纲领"的《脱亚论》，彻底摈弃了东亚文明圈内的传统联结，为之后日本发动甲午战争做了思想和舆论上的准备，战争则可视为福泽理论的实践。他早就声称日本政略是文明开进的政略，士兵也是文明开进之兵。1894年，日本终于发动战争。其时，福泽谕吉依然坚持《脱亚论》中的观点，或《文明论概略》中套用"优胜劣败"的进化论观点：文明有先进与落后之分，先进的就要压制落后的；国与国之间的关系，不是贸易竞争就是开战。他在《日清战争乃文明野蛮之战》[1]一

1　日清战争是日本方面对中日甲午战争的称呼，是19世纪末日本侵略中国和朝鲜的战争。

文中美化侵略,声称这场战争实际上是文明与野蛮、光明与黑暗的战斗,其胜败关乎文明之命运。

从《西洋事情》经《文明论概略》到《脱亚论》,再到《日清战争乃文明野蛮之战》,我们能够看到福泽谕吉对日本文化的认同发生了巨大转变:从承认日本为"半开化"国家,看到日本逐渐转向西洋文明,进而不愿与东亚邻国为伍而主张"脱亚入欧",最后成为雄踞东亚的帝国和西方"文明"国家的一员。最后,西方的扩张主义文明观在他那里演变为日本侵略亚洲其他国家的意识形态工具。他认为,使中国屈服乃是"世界文明之洪流赋予日本的天职";他欢呼日本的胜利为"邻国支那朝鲜现在皆包罗于我文明之中",为整个战争涂上浓重的"文明"色彩。

甲午战争是东亚地缘政治发生关键逆转的分水岭,传统的中华文明日暮途穷,东亚华夷秩序亦不复存在。至少在很多崇尚西洋者的眼里,东亚文明观随着20世纪的到来而告一段落。

第五章
转型时代的"文明"范式转换

19世纪中叶，中国五口通商以后，一个古老的也是理所当然的"神话"彻底破灭了：天子不再是天下主宰，中国不再是天朝上国，只是"世界之中国"（梁启超语）而已。继这一"地理大发现"之后，还有不少新的"发现"：西洋技术及管理理论和实践，法律、文化直至政治体系。可是，所有这些并未拯救贫病交加的中国；相反，面对西方列强，民族危机日甚一日，中国之所以还能保持名义上的独立，是因为——如霍布斯鲍姆在其《帝国的年代：1875—1914》（Eric J. Hobsbawm, *The Age of Empire: 1875-1914*）中所说——西方列强不能就"如何瓜分这具庞大的尸体达成统一"。民族主义的现代化运动无一例外失败了，然而并不是无影无踪地消失了。正是在这变化无常的乱世，尤其是被胁迫、被强加的中西接触中，中国发生了前所未有的、首先涉及"文明"观念的文化价值大转换，并在五四运动时期达到高潮。

若说历史沉淀于特定概念，语言所展示的概念转换不仅具有历史状态的表象意义，还是推动历史发展的重要因素，那么，汉语现代"文明"概念的产生及其社会化运用，正是近现代中国"转型"的重要标志和推动力量。

现代“文明”概念与今人所谓“现代性”（modernity）概念有许多相通之处，乃至成为整体把握清末民初现代性的另一宏大概念形态：戊戌变法既不是一场简单的政治变法运动，也不是一场单纯的思想启蒙运动，而是一场真正全方位的现代性整体变革——一种寻求“文明化”的运动，因此成为中国现代学术文化转型整体萌发的真正起点和现代化事业整体启动的自觉开端。现代意义的“文明”“文化”概念在清末民初的形成及实际运用，无疑是中国近现代思想史上历时长久的重大事件。

此前从未受到真正挑战的东方文明观念，在近现代逐渐陷入被取代的困境；其发展轨迹为：从试探性的怀疑到毫不留情的批判，从维新之士到越来越多的普通民众对传统文化的反思。取而代之的，则是一个新的观念，这就是“文明”，即西方近现代站在时代高度的“文明”。中国士大夫历来梦想“用夏变夷”，进入近代以后，越来越严酷的现实却是“用夷变夏”。随着传统文明观的动摇，“夷”之称呼除了蔑视、痛愤以及退避的恐惧外，也可能引发敬畏甚或钦佩之情。冯桂芬于 19 世纪 60 年代初期在上海参加由江浙官绅和英、法、美等国驻华领事组成的会防局,得以直接与西人交往,他在著名的《校邠庐抗议》中说夷论狄的时候,"夷"字基本上已经失去了原有的内涵和外延,指的不再是野蛮未开化之人,而更多的是让人叹服称美的欧洲和北美。他只是"约定俗成"地称其为"夷",无非为了更好地彰显自己的观点,同时也显示出传统的夷夏观念在新的历史语境中的内在矛盾:

> 人无弃材不如夷,地无遗利不如夷,君民不隔不如夷,名实必符不如夷。(冯桂芬,2002:49)

"四不如夷"对自我文化及社会关系的非难,实属惊世骇俗之言。结合冯桂芬的论点来考察他所说的"夷",我们马上就能发现,他摒弃了士大夫历来所尊奉的春秋攘夷之说,崇尚古法本有的"礼失求野"。后来,中国第一任驻英副使刘锡鸿抵达伦敦刚两个月,便说英国"无闲官,无游民,无上下隔阂之情,无残暴不仁之政,无虚文相应之事"(《英轺私记》)。这番话可谓对"四不如夷"的最好注释。文明意味着运动、变化和进步,而在清末不少国人的眼里,自己的传统不仅变得一无是处,而且成了进步和发展的障碍,是一个退化了的社会的余孽。不错,那是一个让人丢脸的社会! 1907年,鲁迅在《文化偏至论》中不无讽刺地记下了这一思想发展趋势:

> 中国既以自尊大昭闻天下,善诋諆者,或谓之顽固;且将抱守残阙,以底于灭亡。近世人士,稍稍耳新学之语,则亦引以为愧,翻然思变,言非同西方之理弗道,事非合西方之术弗行,掊击旧物,惟恐不力,日将以革前缪而图富强也。……顾若而人者,当其号召张皇,盖蔑弗托近世文明为后盾,有佛戾其说者起,辄谥之曰野人,谓为辱国害群,罪当甚于流放。第不知彼所谓文明者,将已立准则,慎施去取,指善美而可行诸中国之文明乎,抑成事旧章,咸弃捐不顾,独指西方文化而为言乎?(鲁迅,1993:44—46)

鲁迅在此讨论的,正是新旧更迭之转型时代的一种精神状态。鸦片战争之后,中国在外交和军事上的失败及其给内政所带来的影响,大大动摇了千百年来确立的儒家"精英"统治地位,以及反映中国在东亚统治地位的那种文化自我意识。综观中国现代化运动的发展过程，我们不难发现，对时政的失望和强烈的危机感，成为求变求新的根本动力，也是产生各种变法思想的重要前提。例如，谭嗣同 1895 年在《报贝元征书》一文中发难："今中国之人心风俗政治法度，无一可比数于夷狄，何尝有一毫所谓夏者！"康有为在 1898 年上书光绪皇帝时直言："夫自东师辱后，泰西蔑视，以野蛮待我，以愚顽鄙我。昔视我为半教之国者，今等我于非洲黑奴矣；昔憎我为倨傲自尊者，今则侮我为聋瞽蠢冥矣。"（《上清帝第五书》）

动摇中国人之理所当然的文化优越感和"天朝荣耀"的原动力首先来自外部。19 世纪中叶之前，中国从不承认与外部世界的平等关系，因而没有正式的外交机构，主要由礼部处理朝贡事务、理藩院等机构处理与其他国家的关系。西方国家在第二次鸦片战争之后的《天津条约》（1858）中，要求公使进驻北京，这就迫使清政府面对新的外交形势。于是，"总理各国事务衙门"（简称"总理衙门"）于 1861 年初在北京成立，处理外交事务，开始了现代意义上的外交。之后，具有关键意义的是中国出使各国大臣常驻体制的确立：1877 年 1 月 21 日，郭嵩焘（1818—1891）抵达伦敦，中国第一个使馆在伦敦开馆。4月30日补颁国书，他充任驻英公使，并于1878年兼使法国。中国在长期犹豫之后才遣使西方，且外交人员受命出使的文化意味似乎高于外交使命，首先来自"天朝荣耀"的顽固思维，来自与西方列国之交通出于迫不得已的事实，也就是在一个刚认识的世界共同体中的自我认识亦即"认同"的困难。在这之前，遣使只是天朝上国与贡国藩属之间的事。因此，中国早期的所谓"交涉事务"与西方近现代意义上的"外交"还有很大距离。

第一批中国外交使者踏上了欧美土地，并将他们的纪行和其他重要材料带回。世界外交史上第一次尤为醒目地出现"游"字，当与那些撰写"述奇""随笔""环游""采风记"之类的中国"旅行"使者连在一起。出使异域的中国士大夫带着好奇的目光，常常在火车或轮船上过夜。也就在那时，中国文学中出现了一个新的种类：外交官日记或纪程。中国使馆于伦敦开馆之前，共有三次中国官方使团去过西方，分别为1866年、1868年和1871年。代表团成员及后来第一批驻外使者的主要任务之一便是尽可能多地收集资料，并把行程写成文字，政治、经济、天文、地理无所不谈。中国第一任驻外公使郭嵩焘一开始就颇带义务感地将他从上海去伦敦的五十天行程印象笔录寄回，稍后成书，是为《使西纪程》。中国外交官长期对西方的实地观察，自然会使中国人的传统世界观，亦即旧的思维框架中的华夷秩序观难以维系，不再把西方人看作未开化、野蛮、贪欲的“夷狄”。相反，中国使者首先看到的是不同于中国的西方文明，甚至发现——不管情愿与否——文明之中心（中华）已不在中国，而在当代西方。

　　对改变晚清士大夫的世界观和文明观产生重大影响的，还有西方传教士的著述和译作。除了不厌其烦地宣传基督教文明、把基督教看作西方文明根源的立场之外，传教士的著述和译作确实在很大程度上拓展了中国士子的视野，使其不再视中国文明为具有普遍意义、至高无上的文明。下面所列著作和译作，都曾在中国备受瞩目并产生深远影响：郭实猎（Karl Gützlaff）编《古今万国纲鉴》（1838），马理生（Martin C. Morrison）著《外国史略》（1847），祎理哲（Richard Quarterman Way）编《地球图说》（1848），慕维廉（William Muirhead）编译《地理全志》（1853—1854），慕维廉译《大英国志》（1856，

Thomas Milner 的原著 *The History of England* 出版于 1853 年），丁韪良（William A. P. Martin）译《万国公法》（1864，Henry Wheaton 的原著 *Elements of International Law* 出版于 1836 年），金楷理（Carl T. Kreyer）、林乐知（Young J. Allen）、姚棻、蔡锡龄等人编译的《西国近事汇编》（1873/1899），联芳和庆常译、丁韪良鉴定和校核的《星轺指掌》（1876，Charles de Martens 的原著 *Le Guide Diplomatique* 出版于 1866 年），林乐知著《中西关系略论》（1876），丁韪良著《西学考略》（1883），花之安（Ernst Faber）著《自西徂东》（*Civilization, China and Christian*，1884），傅兰雅（John Fryer）、应祖锡译《佐治刍言》（1885，William Chambers 和 Robert Chambers 的原著 *Political Economy for Use in Schools, and for Private Instruction* 出版于 1852 年），李提摩太（Timothy Richard）著《七国新学备要》（1889）和《大国次第考》（1892），李提摩太、铸铁生著《天下五洲各大国志要》（1893），李提摩太、蔡尔康译《泰西新史揽要》（1895，Robert Mackenzie 的原著 *The Nineteenth Century: A History* 出版于 1881 年）。

还有一些类似的著述，并非出自传教士之手，比如，1861 年起在上海担任海关总税务司的英国人赫德著《局外旁观论》（1866），这是赫德给总理衙门的呈文，主张中国有必要仿效西方进行改革；另外，他以"旁观者"身份，"劝告"清政府遵从西方列强的意愿，履行各种条约所规定的义务。又如，时任英国驻华使馆参赞的威妥玛（Thomas Wade，1818—1895）著《新议略论》（1866），同样是递送清廷的呈文，希望清政府改革弊制，实行新政，否则难免受到列强的制裁。这类明确的干涉文字而外，当时不少出自传教士之手的著述，或明或暗都带有批判中国文明的言论。论述中最常见的是以中西比较形式揭示以儒家伦理为核心的中国文明的积弊，以倡导基督教克服流弊的功用。例如，都是先在上海出版的《万国公报》上连载、然后成书并产生广泛影响的《中西关系略论》《自西徂东》，通过对中西方文明不同方面的具体比较，揭示中国社会、道德、文化的落后之处，比如：西方重进步，中国重古法；西方重事实，中国重迷信和风水；西方人好动、勇于进取，中国人好静、安于现状。

在华洋人介绍西方文明的著作和译作，可谓适逢时机，那正是中国放眼看世界的先行者致力于学习西方、探索强国道路之时。西学得以使他们对从前独一无二的中国文明观获得相对化认识,逐渐抛弃"天朝君临万国"、视海内外莫与为对的观念,并带着批判的目光审视中国历史和文化。这是史无前例的。此时,西人提出的改革方案,尤其是希望中国人学习西方文明成果,如造船、铳炮、纺织、机器、铁道、电信、邮电局、男女学校等,深得主张变革之士的赏识。例如,变法派的早期代表人物之一郑观应(1842—1921),虽一贯反对基督教在中国传教,但对于林乐知、李提摩太、艾约瑟、花之安、傅兰雅等传教士的改革言论亦给予充分肯定。而受传教士影响最早、得风气之先者,当为协助传教士译书著述的中国人,例如林乐知的助手、一度担任《万国公报》主笔及主编的沈毓桂(1807—1907)。沈毓桂曾在《万国公报》上发表《中西相交之益》(1881)和《中外往来有益论》(1882—1883)等文章,盛赞西方文明:"夫一国则有一国之法,万国则有万国之法。独是西国之法最精也,最深也,最全也,最大也。"(《中西相交之益》)另外,郭嵩焘、薛福成、张德彝等士人,不仅了解传教士著述和译作,亦同他们有私交,了解他们对中国传统文化的批判。

　　1840 年至 1900 年中国思想史的发展表明,面对汹涌而来的西方文化冲击,中国主动或被动反应,从各方面调整步伐以适应外来文化,是整个发展的推动力量。在这个中国称之为"不平等条约"、西方史学界常称之为"条约体系"的时代,所有新思想和潮流几乎都建立在危机意识以及知识界觉醒的基础上。对外患内忧的认识,迫使中国人俯首下心,适应出乎意料的发展,这也是觉醒之士的各种反思和讨论的先决因素。鸦片战争后的六十年,是一个独特的历史过渡时期,也是西方影响下的中国"近代"思想的酝酿时期。正是在这个伟大的发现时代,维新之士才真正认识到西方得风气之先。许多晚清知识者的先锋作用是显而易见的。他们在接受"西学"时,除了介绍新的自然科学知识,还努力将"民主""自由""平等""人权""议会制度""社会主义"等概念引入中国,并根据新认识的国际法,谴责不平等的"治外法权",一再要求中国主权。晚清进步人士的主要贡献在于,他们通过努力一方面为接受新思想奠定了坚实的基础,另一方面为知识者的求知欲和创造欲创造了条件。这一切之所以能够实现,或多或少缘于思想上的"门户开放"。

晚清知识界的觉醒具有"指点方向"的意义,我们可以对之做出如下归纳：对拓宽视野和提高思想认识的渴念和冲动，打破了传统桎梏，并在客观上给中国的文化自大感打上了"废品"的标记。这些对后来的发展都具有极大的"放射"作用。另一方面，也必须看到，中国传统思想意识在19世纪下半叶的变化，其实依然非常缓慢。新的知识往往只是少数人的特权或口岸居民较易获得的东西，就连后来维新运动的旗手康有为和梁启超，世界知识都仿佛来自出乎意料的收获：康有为1874年才"始见《瀛寰志略》、地球图，知万国之故，地球之理"（《康南海自订年谱》）。梁启超则于1890年春入京赴试，"下第归，道上海，从坊间购得《瀛寰志略》读之，始知有五大洲各国，且见上海制造局译出西书若干种，心好之，以无力不能购也"（《三十自述》）。

19世纪中国与西方的关系，表现出极大的对抗性，且愈演愈烈。连连失败和心灵创伤，至少首先使一部分清醒之士然后是越来越多的平民百姓，开始用另一种眼光来看待中国及其所谓"优越"文化。然而，传统势力和守旧的意识形态并未退出历史舞台，非但如此，正是传统力量构成了适应新局面的基础。一种新的趋势也在此时萌生，这就是渐进"西化"的倾向：从仿效西洋技艺到提倡取法西方、实行立宪，直至新文化运动。史料告诉我们，中西接触逐渐引起多样而复杂的文化反响，其主要表现形式是：（一）愈加顽固的对外防备心理以及对自我"文化"之精神胜利法式的矜夸；（二）试图在技术和军事上赶超西方，而不放弃自我文化认同；（三）痴迷于对外开放和对外来文化（不仅是科学技术，而是一切"现代"文化）无保留的接受。所有这些，最终导致激进的新文化运动与保守的整理国故运动的对峙。

19世纪末的主流文化概念，无疑还是保守文化意识亦即传统的纲常名教。保守派依然宣称决定等级观念、国家管理及家庭生活的儒家思想之优越性；他们承认并希望克服中国在一些方面——例如在技术和自然科学方面——相对于西洋文明的劣势，但在道德观念上还不愿让步。在他们的观念中，纲常伦理永远是最美好的，也是中国文化的根基所在。因此，在现代化问题的讨论中，维新之士不仅把西化诉求与国家富强连在一起，还经常——有时出于论战策略——将其与"道统"，即儒家正统观念相协调。王韬在为郑观应的《易言》所写的《跋》中写道："当今之世，非行西法则无以强兵富国。……诚使孔子生于今日,其于西国舟车、枪炮、机器之制,亦必有所取焉。"郭嵩焘则说:"虽使尧舜生于今日,必急取泰西之法推而行之,不能一日缓也。"(《养知书屋文集》)主张变衣冠、变中国之人伦制度、变中国之学术的谭嗣同也望空发议:"嗟乎!不变今之法,虽周、孔复起,必不能以今之法治今之天下,断断然矣。"(谭嗣同,1981:161)

洋务运动(或自强运动)的重要人物薛福成,于1879年写成《筹洋刍议》并于1885年发表。该著之精髓,亦即最重要的文章,无疑是《变法》。在文中,薛福成声称:"今诚取西人器数之学,以卫吾尧、舜、禹、汤、文、武、周、孔之道,俾西人不敢蔑视中华。吾知尧、舜、禹、汤、文、武、周、孔复生,未始不有事乎此,而其道亦必渐被乎八荒。"薛氏是洋务人士中最先打出改革旗号的人。鉴于西方领先的世界局面,他还在《变法》中极力鼓吹技术、管理及军事上的变革:"若夫西洋诸国恃智力以相竞,我中国于之并峙:商政矿务宜筹也,不变则彼富而我贫;考工制器宜精也,不变则彼巧而我拙;火轮、舟车、电报宜兴也,不变则彼捷而我迟;约章之利病,使才之优绌,兵制、阵法之变化宜讲也,不变则彼协而我孤,彼坚而我脆。"可以说,这就是起始于冯桂芬"以中国之伦常名教为原本,辅以诸国富强之术"(《采西学议》)并在以后不断谈论的"中学为体,西学为用"思想的背景。

尽管"实用"和"卫道"之折中方案在甲午战争之后已经宣告破产,但它依然盛行于 19、20 世纪之交。这种文化保守主义,早就有人认识到它的荒唐之处:"中学有中学之体用,西学有西学之体用,分之则并立,合之则两亡。"(严复《与外交报主人论教育书》)这正是康有为、梁启超等有识之士力倡维新、鼓吹"西学"亦即"新学"之时。也正是在这个时候,严复翻译了赫胥黎的《天演论》、斯宾塞的《群学肄言》、亚当·斯密的《原富》、穆勒的《群己权界论》和《名学》及孟德斯鸠的《法意》等西方重要哲学和社会科学著作。中国早期启蒙主义者的努力及整个现代化运动的最终鹄的,在于摆脱陈旧的制度结构,并在欧洲自由、平等思想的基础上引入新的道德观念和新的精神。从本质上说,这里涉及的是文化认同问题,是认同中国文化还是西方文化的问题,是传统与反传统的斗争。

在 19 世纪中叶以后的整个现代化运动中,求变求新思想几乎是所有维新之士的共识。然而自冯桂芬起，变革论说都是局部的、片面的，无一例外。康有为纵有《新学伪经考》《孔子改制考》等石破天惊之论，他的迭次上书亦即变法思想虽涉及政治、经济、军事及教育等方面的改革，然而着眼点主要在于具体政策和措施。也就是说，他所追求的只是在现有政治秩序中进行改革。中国现代思想史上第一个鼓吹全方位"大变革"的，则是"言论界的骄子"梁启超。梁启超于1898—1912年流亡日本期间，亲历通过维新得以强大的日本及其"文明开化"的现实，彻底变革的思想无疑基于梁氏对西方近现代文明的认识。这种文明使西方列强和日本已经尽变旧法，"无器不变，亦无智不新，至今遂成一新世界焉"（梁启超《经世文新编序》，1897）。鉴于全球新发展，大势所迫，变革已成不由自主之趋："变亦变，不变亦变。"（梁启超《论不变法之害》，1896）基于同样的认识，梁氏于1902年在《释革》一文中指出："革也者，天演界中不可逃避之公例也。凡物适于外境界者存，不适于外境界者灭，一存一灭之间，学者谓之淘汰。""夫淘汰也，变革也，岂惟政治上为然耳，凡群治中一切万事万物莫不有焉。""今日之中国，必非补苴掇拾一二小节,模拟欧美、日本现时所谓改革者,而遂可以善其后也,彼等皆曾经一度之大变革。"作为"大变革"的中心内容和目的,梁氏提出了雄心勃勃的"国民变革"思想。为了变革、进步,人们"别求新声于异邦"(鲁迅《摩罗诗力说》),且多半视西方近世文明为"坐标"。

第六章

现代"文明"概念在中国的早期传播

欧洲历史刚进入近代时,"文化"和"文明"主要表示教育和知识结构的发展程度;它所强调的主要是提高人的能力和素质。现代意义上扩展了的"文化"和"文明"概念,则产生于18世纪下半叶:德语中传统的Kultur(文化)概念与法语、英语中的新造词civilization(文明)的内涵和外延几乎相同。当然,人们并不是直到概念真正确立之时才意识到"文化"或"文明"的存在;在这之前,欧洲各种语言中早有许多不同的思考和表达。与之相比,汉语中的"文明"和"文化"都不属于新造词,早已见于《周易》和《尚书》等古籍。然而,作为旧词新用并成为现代意义上的新概念,它们的产生和确立要在欧美一百年之后,也就是在19世纪下半叶。

一些日本、韩国学者认为,梁启超是最早使用西义"文明"的中国人,也是他经由日本将西语civilization译为"文明"而传入中国。1995年在法国举行的题为"20世纪早期中国知识界之欧洲思想"的国际研讨会上,日本学者石川祯浩作了一个报告《近代中国的"文明"与"文化"》。石川主要以梁启超的著述活动为经线,分析了"文明""文化"概念在中国的传播。他指出:"'文明'一语及其所包含的价值观在中国得以传播,当归功于梁启超。在他的著述里,作为 civilization 意义的'文明'一语的最初登场——管见所及,此乃中国最早用例之一——出现于光绪二十二年(1896 年)的《论中国宜讲求法律之学》一文。"如果我们只是探讨用什么字或词来翻译 civilization,或曰把什么视为它的对应词,那么,直接用"文明"移译 civilization,依笔者之见,至少还得前推六十年(见《东西洋考每月统记传》,后文将详述)。而当我们把 civilization 看作一个概念,再去探讨 civilization 概念究竟何时进入中国,或者说中国人对其认识和接受,我们就会发现,石川的结论也不够周全。毫无疑问,对一个外来概念用什么译词是极为重要的,但更为重要的是对概念本身的把握。

石川还指出,"'文明'与'文化'二语,并非国产,乃是舶来品",是"日本制汉语"。不少学者持此种观点。石川还竭力论证福泽谕吉的《文明论概略》对梁启超的影响,说梁氏文明论(包括《自由论》《国民十大元气论》等)"完全是一种梁启超版的《文明论概略》"。这就更加充实了"不得不……从日本引进"的根据。石川祯浩后来又在《梁启超与文明的视点》一文中论述了上述观点。众所周知,现代汉语中的不少外来概念为

"和制汉语"，有直接的，也有间接的，还有一些一时弄不清的。笔者以为，最终以"文明""文化"分别作为 civilization 和 culture 的译词，日本的影响定然极为重要。然而，近现代文明概念最早"从何舶来"这个问题，恐怕比想象的要复杂一些，甚至复杂得多。但有一点是可以肯定的：它来自"东洋"，最早却来自"西洋"。从某种意义上说，来自本土的因素对西方文明概念在中国的传播起了很大作用。我们在此常能见到中国和西方及日本的文化互动。

　　在前一章中，笔者主要论述了中西接触在中国所引起的范式转换及其历史背景和思想基础，意在表明文化概念发展的内外因素和历史必然性。假如说"文明""文化"概念是欧洲人 19 世纪之文化认同与自我标榜的标记，那么，它们在中国逐渐走红，则是中国人之文化认同危机与自我反省的结果。下面，我们就来讨论各家论说，勾勒"文化"概念在中国传播和流变的轮廓，尤其是"文明"概念的具体运用。外来影响是"文明"概念之推陈出新的决定性因素之一，因此，探索西方文化概念的发展脉络并进行中外比照，是下文的重要论证方法。

其实，早在《东西洋考每月统记传》（1833—1838，下文简称《东西洋考》）中，已经出现直接用"文明"移译 civilization 的地方，如《法兰西国志略》一文所云："其创国立邦，贻后世以福祉；化昭文明之治，以留其教泽。"在全部《东西洋考》中，"文明"二字出现不上十次，但总是和"教泽"连在一起，且前后至少出现过五次几乎同样的句子："化昭文明而流教泽矣。"鉴于相关论述多半将"文明""教泽"用于"英吉利""法兰西""欧罗巴列国"之西方，且时常放在"进步""文明化"的语境中，"文明"这个中国古词自然也就不再是传统儒家伦理中的古义"教化"；正如创刊者郭实猎在办刊缘起一文中所言，《东西洋考》的编纂宗旨是展示西方文明，使中国人认识到洋人不是"蛮夷"。我们基本上可以确定，文中"文明"概念之西洋对应词便是civilization，依据如下。

埃利亚斯在《文明的进程》（Norbert Elias, Über *den Prozeß der Zivilisation*, 1939）一书中对 civilization 概念在欧洲的出现和演变做了较为深入的考察，认为它出现于 18世纪中叶，19 世纪初已为欧洲知识界广泛运用。"文化""文明"还未在欧洲成为流行概念之前，基督教已在观念上将西方文明归结为基督教文明，并把基督教文明视为西方文明的核心。然而，时至 19 世纪初，也就是现代文明概念最终确立之时，对进步和文明的怀疑也在增长。人们开始关注科学技术所带来的副作用，这些副作用亦见于社会和政治领域。出现于 19 世纪的一些对"文明"的怀疑甚至拒绝态度，主要以"自然"的名义，认为"文明"使人走出美好的自然状态，这种观点或多或少受到卢梭"高贵的野蛮人"之信仰和"返归自然"口号的影响。无疑，对文明的批判主要来自对"真正"文明的探索和思考。天主教亦参与了相关讨论：自 19 世纪初，从教皇到一般神父，都一再重申"基督教文明"才是真正的文明。即便在世俗社会，这种说法也很盛行，如法国史学家基佐便在其《欧洲文明史》中把基督教看作推进文明发展的一大关键，原因在于它改变了人的内心世界、观念和情感，使人在道义和知识上获得新生。"基督教文明"的说法几乎成了一种固定观念，同时又为传播和巩固这种观念起了很大作用。当然，对教会来说，文明只是宗教所带来的成就，并不是行为宗旨；对世俗来说，文明是一种独立的价值尺度，常常是最终目的。

从这一历史背景出发，我们看到，主要由外国传教士领衔和编撰的《东西洋考》把文明与教义联系在一起是很自然的现象；当时教会在谈论人类发展、谈论教会功德与"文明"的关系时，所采用的正是 civilization 概念。正因为此，《东西洋考》中的"文明"，基本上可视为 civilization 的移译。毋庸置疑，《东西洋考》实际上所传播的是"基督教文明"观念，而在 19 世纪的西方，尽管"文明"也涵盖宗教层面，但早已摆脱了用神学解释历史进程的束缚，而更多地从历史哲学的视角试图用文明和文化概念来归纳人类（尤其是欧美）所特有的成就。《东西洋考》所介绍的是一种狭隘的"文明"观念，但它介绍了大量西方文明知识；它对 civilization 概念的译介并用"文明"与其对应，本身就是一个里程碑。正由于《东西洋考》所介绍"文明"概念的狭隘性，当时的中国读者似乎没有或者无法认识这一翻译的意义（甚至并不视之为译词），更无法了解这一概念超越宗教的历史和时代意义。也就是说，我们还无法断定它同 19 世纪中国人运用"文明"一词究竟有多大关系。

尽管如此，若是认为《东西洋考》出版后的三十多年间不见他人以"文明"译 civilization 的做法，便以此否认《东西洋考》中"文明"与 civilization 的可能对应，似乎并不可取。《东西洋考》如何翻译 civilization，与其译词是否为时人所知或是否对后人产生影响，似乎不是一回事。换言之，《东西洋考》中的译词选择与后人如何翻译 civilization，不能从并不必然存在的逻辑关系中得出结论，何况彼时对西义 civilization 有着不同翻译。比如丁韪良译《万国公法》（1864）中，将 civilization 译为"教化""服化""文雅"等。另外，彼时在翻译西洋概念时，最初一些翻译尝试最终没能得到认可，比如丁韪良所用"教化"，以及后来严复的大量译词。这是很常见的，但我们不能以此否认曾经有过的翻译事实。

对一种现象或一些事物的认识，与概念的产生和发展并不是同步的，或者说，事物存在并不完全取决于概念；然而，概念可以状写和归纳事物一般的、本质的特征。"文化""文明"便是状写人类生活的大概念。就像"文明"或"文化"概念在欧洲最终确立之前一样，在中国，人们只是用传统中不同的表达来阐明这两个概念所涵盖的思想或部分内涵和一个侧面。一般说来，在"文明""文化"概念流行之前，19 世纪的中国多半还用"声明文物""政教修明"及"向化""文艺""文

教""教化""开化""风化"之类的词语来表达与欧
洲近现代文明概念相应或相近的思想。也就是说,中国
人很晚才有意识地接受西方的 culture 和 civilization 概念。
黄遵宪在《日本杂事诗·新闻纸》(1879)的注释中所
说的"新闻纸中述时政者,不曰文明,必曰开化",似
乎只是一个例外,而这例外却展现出"文明开化"或
"文明""开化"概念如何风靡整个日本社会。黄遵宪
之说涉及明治时期日本人所用的西义"文明",这一点
确定无疑,而且对彼时国人了解日本社会具有重要意义。
1879 年,《日本杂事诗》即有北京同文馆、香港循环日
报馆、中华印务局等多个版本问世,产生不小影响。另
一方面,"不曰文明,必曰开化",本身无法体现"文明"
为 civilization 的译词;换言之,彼时中国读者很难将之与
一个特定的西方概念联系在一起,将之理解为古词今用
甚至中国传统意义上的"文明"一词的可能性是很大
的。无论如何,黄遵宪之"译"[1],尤其是后来梁启超真
正使用西义"文明"并产生极大影响,正是不少学者认
为"文明"是 civilization 之日本译词即"和制汉语"的
主要原因。

---

1 此乃后人推断,没有证据显示黄氏当时知道"文明"乃 civilization 之译词。

就概念史而言,较早对欧洲"文明"概念做出反应的,当推郭嵩焘;他已注意到西方文明概念的深度和广度。郭氏在《伦敦与巴黎日记》光绪四年二月初二日(1878年3月5日)写道:

> 盖西洋言政教修明之国曰色维来意斯得[civilized],欧洲诸国皆名之。其馀中国及土耳其及波斯,曰哈甫色维来意斯得[half-civilized]。哈甫者,译言得半也;意谓一半有教化,一半无之。其名阿非利加诸回国曰巴尔比瑞里安[barbarian],犹中国夷狄之称也,西洋谓之无教化。三代以前,独中国有教化耳,故有要服、荒服之名,一皆远之于中国而名曰夷狄。自汉以来,中国教化日益微灭;而政教风俗,欧洲各国乃独擅其胜。其视中国,亦犹三代盛时之视夷狄也。中国士大夫知此义者尚无其人,伤哉!(郭嵩焘,2008:491)

郭氏议论至少可以归结为以下三点:

第一,他在解释西方现代"文明"概念时,已经视之为综合概念,并明确指出这一概念从来就有的对立面：野蛮。在欧洲，法国从来自视为世界文明先锋；当然，持这种观点的不只是法国人，德国诗人海涅（Heinrich Heine，1797—1856）也在《法国状况》中称巴黎为“文明世界之都”。法语中对 peuples civilisés（文明人）和 peuples barbares（野蛮人）的严格区分，不只是法国现象，也是源于欧洲中心主义的欧洲现象，几乎成了一种固定思维模式，将世界分为“进步的文明国家”和“落后的野蛮国家”。随着对外扩张、移民及世界霸权的逐步确立，欧洲人的自信和自我意识充分体现于 19 世纪广泛使用的“文明”概念。由是以观，郭氏有意无意涉及了 18 世纪下半叶就极为盛行的“文化（文明）程度”和“文化（文明）等级”观念，这也是早已见之于德国大思想家赫尔德（Johann Gottfried Herder, 1744—1803）《论人类史哲学》（ *Ideen zur Philosophie der Geschichte der Menschheit* ）的中心观点。基佐的《欧洲文明史》论述社会和个体的进步、物质和精神的发展时，文明之等级亦随处可见。达尔文（Charles R. Darwin，1809—1882）在《人类的由来》（ *The Descent of Man* ）一书中，从欧洲的文明标准出发，对欧洲人、南太平洋岛屿居民、火地人做了比较，以此阐释“文明”“半开化”“野蛮”等概念，亦即“文明的阶梯”。

当然，基佐和达尔文都把欧洲文明看作世界所有民族的发展方向和目标。"文明""半开化""野蛮"是19世纪欧洲用来描述世界各地差异的习见模式，在郭氏那里则分别表现为"色维来意斯得""哈甫色维来意斯得""巴尔比瑞里安"；这种划分模式在后来中国人接受西方文明观念时影响颇大。

　　前文已经论及石川祯浩坚信福泽谕吉对梁启超的影响，并将梁启超的文明论视为梁启超版《文明论概略》。论者一般都会援引梁启超在《自由书》（1899）之《文野三界之别》中关于西方文明等级观的论说："泰西学者，分世界人类为三级：一曰蛮野之人，二曰半开之人，三曰文明之人。其在《春秋》之义，则谓之据乱世，升平世，太平世。皆有阶级，顺序而升，此进化之公理，而世界人民所公认也。"无疑，梁氏文明观主要形成于日本的"文明开化"语境，而这套话语的主导者为福泽谕吉，其重要媒介作用不言而喻。然而，需要指出的是，若以为（如一些学者所论）"文明三段论"是梁启超率先引入中国并产生巨大影响，是不准确的。如上文所引郭氏文字所示，"文明三段论"已见于郭嵩焘，且直接来自西方，在我国流布已广。另外需要指出的是,在郭嵩焘之前,英国传教士理雅各 1856 年翻译出版的贝克尔著《智环启蒙塾课初步》一书介绍西洋"文明"概念时,已涉及"文明"与"野蛮"的对立,或曰人类从低级到高级的不同发展阶段。这一为香港英华书院中国学生编写的英汉对照教材的第 154 至 157 课,分别为"国之野劣者论"(Savage Nations)、"国之野游者论"(Barbarous Nations)、"国之被教化而未全者论"(Half-civilized Nations)和"国之被教化而颇全者论"(Civilized Nations)。

第二,郭氏展示的正是"文明"概念的所谓时代意义:与"文化""文明"联系最为紧密的观念是历史的"进步",进步与发展被视为欧洲文明的重要特征。基佐认为,要把"文明"概念作为一个事实来研究,并根据常识来探索其整体意义。他在《欧洲文明史》一书中对文明"事实"的界定是:"在我们称之为'文明'的伟大事实中,似乎包含着两个要素:文明的存在必须依赖两种境况,依靠两个条件而生存,它通过两个征兆表现出来:社会的进步,个体的进步;社会制度的改善,人类智力和能力的扩展。"基佐分析比较了欧洲文明与其他文明,认为现代欧洲文明之前的其他文明缺乏活力,尤其是埃及和印度等东方国家的文明,"社会在这里变得静止不动了,简单导致了单调;国家虽未遭到毁灭,社会依然存在,但没有进步,继续保持在冬眠和静止状态。"欧洲文明则不同,它丰富而多样,因而获得较快发展,"一直处于前进的状态"。在19世纪的欧洲,"文明"概念首先要表明的是欧洲的自我文化意识,对于当时欧洲所取得的成就和以此为基础的自我意识,"文明"概念似乎最能恰当地概括这种意识,那是一种站在世界历史发展和进步最前列的感受。用郭嵩焘的话说,便是"西洋一隅为天地之精英所聚"。(郭嵩焘,2008:434)

显然,基佐是在用历史诠释现实,甚至能够体现当时法国知识阶层对欧洲社会的认知。埃利亚斯指出:"只有历史的经验才能明确地阐述'文明'这个词的真正含义。""这一论断表现了西方国家的自我意识,或者说民族的自我意识。它包括了西方社会自认为在最近两三百年内所取得的一切成就,由于这些成就,西方人超越了前人或同时代尚处于'原始'阶段的人们。"(埃利亚斯,1998:61)文化、文明似乎只是欧洲(至多还包括北美)的特色和"专利",并成为具有"普适"意义的价值取向,成为向"野蛮"和"半开化"地区进行殖民扩张的最佳"理由"。18 世纪以降,文明概念"成了一个响彻全球的口号。在这一时期,文明概念已经变成了法国为自己进行民族扩张和殖民运动的辩护词"。西方国家把自己看作"向外界传递'文明'的旗手","将自身的优越感和文明的意识作为了为殖民统治辩护的工具"。(埃利亚斯,1998:116)

第三,郭嵩焘似乎并不厌恶欧洲中心主义和以西方为中心的国际秩序观,恰恰相反,他对欧洲文明表示出极为赞赏的态度,并用传统的夷夏对比进行反省。虽说他只是以转述的方式将西方置于"文明"之境、中国列为"半开化",但他的评述所包含的价值判断是不言而喻的。这便在很大程度上动摇了中国传统的文明标准。从某种意义上说,这也反映了彼时一些开明士大夫的心态。郑观应曾在《盛世危言后编》中说:"西人讥中国为半教化之国,政多非刑,情同野蛮。不得谓之无因也。"至于郭嵩焘不采用中国固有表达而推出"色维来意斯得",明显为了标新,也为了表示此概念不同凡响。需要强调的是,不能因为郭嵩焘未用后来通行的"文明"对译 civilization 而淡化其译介之功。"色维来意斯得"也是翻译,是音译的新词,而音译是当初"援西入中"

尝试中很常用的方式，尤为严复喜好，在中国早期驻外使节或出访士人的日记和纪程中更是常见：不但有"炒扣来"（chocolate：巧克力）、"回四季"（whisky：威士忌），还有"巴厘满"（parliament：议会）、"类百尔底"（liberty：自由）、"伊哥挪谜"（economy：经济）等，不知凡几。

石川祯浩也引用了郭氏日记中的这段论说，但其意图在于说明使用音译的原委，表明郭嵩焘当时尚未掌握与之相应的明确的汉译语。不错，西方近现代意义上的 civilization 概念，彼时还未在中国得到应有的介绍，还没有明确的、公认的汉语译词，而中国首任驻外公使郭嵩焘在日记中一再说到不通外语的烦恼，显然是为了用"色维来意斯得"来显示英语"原形"——郭氏日记中对西洋概念用音译加注的地方比比皆是。在一个外来概念的汉译词还未定型或真正确立之前，当然无法掌握"后来才明确的汉译语"；郭氏上述议论的关键意义在于对概念本身的把握和认识。关于郭嵩焘的文明论，以及其根据出使时从上海到伦敦的路途五十天的日记而撰写的《使西纪程》的命运，梁启超曾记载如下："光绪二年，有位出使英国大臣郭嵩焘，做了一部游记。里头有一段，大概说：现在的夷狄和从前不同，他们也有二千年的文明。嗳哟！可了不得。这部书传到北京，把满朝士大夫的公愤都激动起来了，人人唾骂……闹到奉旨毁版，才算完事。"（《五十年中国进化概论》，1922）

综观先进士人的各家论说，我们可以发现，价值观念的转变或多或少也在概念的选择上留下了痕迹。如前文所述，"文明""文化"概念流行之前，不少表示文化发展的传统用词含义相通，大体上既可论述西方，亦可谈论中国，常与传统的、以儒家学说为框架的中国文化相关联。随着对西方世界的认识深化，在有关价值取向的论说中，尤其是19世纪和20世纪之交前后，维新之士在情绪和思想上逐渐偏向一个带有新时代色彩的概念，这就是"文明"概念。

达尔文认为，任何民族都要经历从野蛮走向文明的过程（《人类的由来》）。美国民族学家、原始社会史学家摩尔根（Lewis H. Morgan，1818—1881）也在其著名的《古代社会》（*Ancient Society*）中，以进化论观点划分人类从蒙昧时代经过野蛮时代到文明时代的发展过程。若说人类历史本来就是一部文明史，那么，其痕迹不仅应该见于历史的开始，也应见于历史过程。然而，中国近现代士人在论述文明时，往往有意无意地把文明视为历史的一个片段——即便是一个很长的片段。换句话说，时人常把一个历史时期看作文明的开始或中断。"文明"二字除了用以表达西方文明，尤其是近现代西方文明，多半只出现在描述久远的中国"黄金时代"的上下文中，如薛福成在其《筹洋刍议·变法》中所论："天道数百年小变，数千年大变。上古狉榛之世，人与万物无异耳。自燧人氏、有巢氏、包羲氏、神农氏、黄帝氏相继御世……积群圣人之经营，以启唐、虞，无虑数千年。于是鸿荒之天下，一变为文明之天下。自唐、虞讫夏、商、周，最称治平。洎乎秦始皇帝吞灭六国，废诸侯，坏井田，大泯先王之法。"郑观应在《易言·论公法》中亦有同样的说法："考诸上古，历数千年以降，积群圣人之经营缔造，而文明以启，封建以成。自唐、虞讫夏、商、周，阅二千年莫之或易。"或曰："礼之兴也，其在中古乎？当黄帝与蚩尤战于阪泉、涿鹿之间，方耀武功，未遑文教。及尧、舜继统，垂衣裳而天下治，于是乎礼文具备中天之世，号为文明。"（郑观应《盛世危言·典礼上》）显而易见，这里所用的"文明"一词，只是约定俗成的说法，取自传统，而非现代意义上的"文明"。历史进入19世纪90年代之后,人们在论说先进的欧美文化时所采用的"文明"二字,显然受到西方"文明"概念的影响,也就是说,它已经与现代欧洲文明概念相对应。换言之,"文明"这个中国早已有之的词,已经获得新的含义和新的视角。正像人们用传统的"文明"概念状写近世发展而必然使古词增添新义一样,"文明"获得新的生命力时,当然不会马上失去其古汉语痕迹,新旧承接关系是不可否认的。因此,我们也不一定能够一直准确无误地断定"文明"一词的新与旧。

既然"文明"体现了一种价值观,可以表现为对"三代"之恋旧,也可以表现为对近现代西方的憧憬,那么,中国似乎不配受用"文明"二字,"无道"亦无"文明"可言:

> 三代以前,皆以中国之有道制夷狄之无道。秦汉而后,专以强弱相制。中国强则兼并夷狄,夷狄强则侵陵中国,相与为无道而已。自西洋通商三十馀年,乃似以其有道攻中国之无道,故可危矣。……中国之失教化者二千馀年矣。(郭嵩焘《伦敦与巴黎日记》)
>
> 宇内文明之流域,发源亚洲,而中国其最著也。

以今日论之,中国与欧洲之文明,相去不啻霄壤。(梁
启超《论中国与欧洲国体异同》)

四千年文物,九万里中原,所以至于斯极者,其
教化学术非也。(严复《救亡决论》)

中国动辄援古制,死亡之在眉睫,犹栖心于榛狂
未化之世,若于今熟视无睹也者。(谭嗣同《仁学》
十八)

二千年由三代之文化降而今日之土番野蛮者,再
二千年,将由今日之土番野蛮降而猿狄,而犬豕,而
蛙蚌,而生理殄绝,惟馀荒荒大陆,若未始生人生物
之沙漠而已。(谭嗣同《仁学》三十五)

众所周知,翻译外语概念,或探索某一外语概念的
汉语对应词,有时恰到好处,有时却是牵强之译。"文明"
与 civilization 的对应,也许正由于其既表示进步和发展,
又与"野蛮"相对跖。某一译词真正确立或成为"标准"
译法后,人们往往不再追问其原委,但它的"标准化"
及流传,时常有机遇性甚至偶然性。这是因为同义词常
常给人以选择的余地,"文化"一词而外(后文还会详述),
"开明"便是一例,用它移译 civilization 也未尝不可:

日本一岛国耳，自通使隋唐，礼仪文物居然大备。因有礼仪君子之名，近世贤豪志高意广，竞事外交，骎骎乎进开明之域，与诸大争衡。向使闭关谢绝，至今仍一洪荒草昧未开之国耳。（黄遵宪《日本国志》卷四）

于五洲殊种，由狉榛蛮夷，以至著号开明之国，挥斥旁推，什九罄尽。（严复《原强》修订稿，1896）

第七章

双语辞书中的"文明""文化"

一般而言,作为原始资料的辞书在历史语义学研究中具有一定的代表性,这不仅在于辞书通常再现词语的历史发展和社会运用——概念史称之为概念的表象意义,还在于其范式意义和指导意义;就双语辞书而言,这些意义更是不同寻常。这里不仅涉及对词义的准确把握,还须在对译时准确理解(至少)两种语言,顾及异质文化因素。而对那些本身就是新词或词义有所变化的旧词,翻译难度是可想而知的,具有哲学意味的抽象词语(概念)之翻译更是难上加难。19 世纪,中国的早期双语辞书绝大部分出自洋人之手。如何在对译时选择恰切的汉语"对应词",有历史或时代因素,有时也会含有辞书编者的特定理解;可以照搬已有译词,亦可选择性借鉴。而如 civilization 和 culture 之类的"大概念",在早先的译者那里定然需要创造性思维,以尽可能达到可靠的知识传输。无论如何,对于使用者来说,双语辞书的参考价值或实用价值,怎么称许也不为过。无疑,本书中的研究尤其重视特定译词所体现的认识水平及其历史变迁。

在马礼逊(Robert Morrison, 1782—1834)的《华英字典》(1822)中,还没有作为名词的 civilization 和 culture 词条,

我们只能见到 civil、civility 或 cultivate、cultivated，前者表示"有礼貌""礼尚往来"，后者则为"耕地种田""修道""养心"。对 19 世纪下半叶至 20 世纪初双语辞书中的"文明""文化"概念产生较大影响的，是罗存德（Wilhelm Lobscheid, 1822—1893）编撰的《英华字典》(1866—1969)，现将其 culture 和 civilization 及相关条目抄录如下：

civility, *good breeding* 礼貌，礼体；*to treat one with civility* 待人以礼，等；*to exchange civilities* 以礼交接；*rules of civility* 礼仪，礼法，等。

civilization, *the act of civilizing* 教化者，开化者；*the state of being civilized* 礼文者，通物理者，管物者。

civilize, *to reclaim from a savage state* 教化，教以礼仪，化以礼仪；*civilize him* 教化渠（他），化之。

civilized, *reclaimed from savage life and manners* 教化过，熟；*instructed in arts, learning & c.* 晓礼仪，礼的，通物理的，识礼的，通管物的；*civilized manners* 合礼的行为，文雅的，行为合礼。

civilizer, *one who civilizes* 教化者，开化者，启化者，教礼仪者，化人者。

cultivate, *to till* 耕，耕种，易，易治，等；*to cultivate virtue* 修德，畜德，修善，修阴德，修阴功；*to cultivate excellent principles* 修道；*to cultivate the heart* 修心，修心田，耕心田；*to cultivate personal virtue* 修身；*to cultivate moral conduct* 修行；*to cultivate one's memory* 修知；*to cultivate acquaintance* 习交，交友；*to cultivate a savage* 教化野人；等。

culture, *cultivation* 种植之事，耕种之事；*the culture of rice* 种禾者；*the culture of virtue* 修德者；*the culture of right principles* 修理者；*the culture of letters* 修文者。

罗氏字典无疑建立在西洋对 culture、civilization 的认识及其概念体系的基础上。culture 的词源是拉丁语 cultus 和 cultura，起初主要用于农业语境，指耕种和饲养家畜。cultus 和 cultura 是指人为了生计而索取于自然的一切行为，例如教育和祭祀、获取衣饰，也包括人的自我照料和自我培养，例如个人能力和性格的培养。直到中世纪，它们的含义没有明确区分。中世纪以后，culture（或其古老形式 couture、cultivement 等）在法语中出现的频次才逐渐增多，但多用于农业，间或用于宗教（礼拜）；17世纪有些字典条目的义项仅限于此。18世纪下半叶的许多字典尚未顾及这一词汇，个别字典只是引用前说。这种现象直到19世纪亦不罕见，而且农业上的意义几乎总在第一位。这个词在英语和德语中的发展状况几乎相仿，《大英百科全书》开始也未收此条目。直到19世纪中叶，德语Kultur概念中又增加了“教育”“修养”“养成”的含义。一般说来，欧洲近代早期“文化”概念所具有的农业上的含义及“培养”方面的意思延续了很长时间，并且，culture起初指的只是人类对自然的改造活动而不包含改造成果。

作为新词，civilization于1721年出现在法语中，意为“刑事案件转为民事案件”（后来英语、德语开始运用此词也是同样的意思）；在这之前，法语中的civilité和civiliser（源于中古拉丁文civilizare）只限于“礼仪”“礼貌”“行为规矩”等范围，英语中的civility基本上也是这个意思，并用以描述“井然有序的社会”。civilization的拉丁语词源也与“城市”和“市民”有关，后来这一概念也多少带有城市化的含义。在辞书中，英语近代意义上的civilization，首见于约翰·阿施编撰的《英语新大辞典》(John Ash, *The New and Complete Dictionary of the English Language*, 1775)，意为：a) The state of being civilized; b) the act of civilizing。罗存德的《英华字典》显然参照了阿施辞典条目；然而，似乎完全照搬的东西，却有着很大区别：阿施的诠释在西方"文明"概念史上的重要贡献是 a) 和 b) 两个义项的先后顺序明确表明：civilization 首先表示发展"状态"和"程度"，其次表示发展"行为"，亦即"过程"。将近一百年后的《英华字典》，颠倒了欧洲经过很长历史时期才真正确立的"文明""文化"概念中"状态"同"过程"的主次关系。

可是，罗氏《英华字典》中这两个概念的定义，似乎起了"定调"的作用；甚至在 20 世纪初，中国双语辞书有关这两个西方概念的条目，基本上还没能超出罗氏的认识。颜惠庆等人编写的《英华大辞典》第三版(1910)，依然采用了罗氏字典"文明"概念中的主次顺序，英语释义亦相同，但在译词中已有"文明"二字。culture 以及相关条目基本上与罗氏字典条目大同小异，首先是"耕作之事"，其次才是"文化""教养"等义。但不可忽视的是，颜氏辞典例句中已经涉及"文明""文化"最重要的对立词——"野蛮"："from barbarism to civility，自野蛮进至文明","the cultivation of savages,教化野蛮人之事"。

总而言之,在法、英、德、意等西方重要语言中,culture 和 civilization 一开始几乎同义,可以相互替代,只表示发展"过程"而不包括发展"成就";经历了很长的历史时期之后,两个概念中出现了"过程"和"成就"并存的含义,不仅如此,"过程"渐渐被"状态"所淡化甚至取代。18 世纪末,最迟至 19 世纪初,现代意义上的、表示进步和发展水平的 culture 和 civilization 概念完全确立。这两个概念越来越普及的原因在于,历史哲学的思维角度使其容量大增,并几乎完全摆脱了农事或礼仪的拘囿,而与民族及人类历史的发展连在一起。换言之,这两个新概念从历史哲学的视角来描述群体的、区别于自然的发展状态,且几乎涵盖人类生活的所有方面:国家、社会、经济、技术、科学、艺术、法律、宗教、道德等;也就是说,它们不仅用于个体,而且更多地用于团体、族群和国家。显而易见,罗氏《英华字典》中对这两个概念的诠释落后于时代。这里指的不仅是概念的诠释,更主要的是,我们几乎看不到这两个概念发展出的综合性意义,罗氏诠释的含义主要还只涉及个体。

总体而言,中国人在 19 世纪末之前,似乎还未充分认识近现代西方 culture 和 civilization 概念的深度和广度。
甚至在有些西洋人士编纂的较为著名的中外文辞书中，
我们也见不到这两个概念，例如卫三畏的《英华韵府历
阶》（1844）、童文献的《西语译汉入门》（1869）。卢公
明编著的《英华萃林韵府》（1872）未收 civilization，而
culture 释义为：literary 文；act of self 修理之功。卢公明的
这种译释，完全取自邝其照的英汉《字典集成》（1868）。
谭达轩编英汉《字典汇集》（1875），将 civilization 译为
"教以礼仪，教化之事，礼貌，文雅"，culture 的译词则
直接取自罗存德《英华字典》。进入 20 世纪以后，不少
双语词典依然只局限于词汇和概念的翻译而没有注释，
并且，译词还未统一。汪荣宝、叶澜合编的《新尔雅》
（1903），颇多新词新概念，但不见"文明""文化"概
念。黄摩西编撰的《普通百科新大词典》（1911），同样
收录不少西方科学和人文概念，但亦无"文化""文明"
条目。李提摩太、季理斐（Donald MacGillivray）参考日本
《哲学大辞书》编写而成的中国第一部英汉《哲学字
汇》（1913），对这两个概念没有给出释义和例句，只有
翻译："civilization，文明（教化）"；"culture，教化，修养"。
时至 1931 年，王云五主编的英汉对照《百科名汇》居

然也没有单列 culture 词条，而 civilization 被译做"文化"。单从（双语）辞书来看，19 世纪下半叶以降的"文明""文化"词条并未取得清晰共识，用以实现与西方相应概念一以贯之的明确对译，它们甚至还未获得不可或缺的地位。而在译释西文 civilization 和 culture 时的"文明""文化"之互换或共用，当与这两个中国古词自古便有的相近或相通之处直接有关。这一文脉或多或少也体现于日本人译介这两个西方概念时的选词。

福泽谕吉早在《西洋事情外编》（1867）中论及西洋文明观的时候，运用"莽昧""草昧""蛮野"和"文明""文明开化""教化"等词，分别对应西洋的 barbarous 和 civilization 概念，这是毫无疑问的。后来，他在《文明论概略》（1875）中明确表示，"文明一词英语叫作'civilization'"。差不多在这同时，在日本出版的双语词典中，《英和对译袖珍辞书》改正增补版（1869）释 civilization 为"端正行仪、开化"，释 culture 为"耕作、育殖、教导、修善"。柴田昌吉、子安峻编《英和字汇》（1873）则完全照搬了罗存德编《英华字典》，释 civilization 为"教化者、开化者、礼文者、通物理者、管物者"，释 culture 为"种植之事、耕种之事、种禾者、修德者、修理者、修文者"。嗣后,井上哲次郎等人编撰的《哲学字汇》(1881),亦收录 civilization,译为"开化";culture 亦被收入,除了译词"修练"外,还附有 philosophical culture(哲学修练)和 scientific culture(科学修练)的义项;第二版(1884)依然以"开化"译 civilization,并在 culture 词条中加上了"culture of conscience(良心修练)"的义项。棚桥一郎编、末松谦澄校《英和辞书》(1890)依然沿袭以往双语词典之说,解 civilization 为"开化、教化",culture 为"耕种、修行、教育、教化"。

　　直至 19 世纪 90 年代,日本的英和双语辞书中似乎还未专用"文明"和"文化"翻译 civilization 和 culture。单就 civilization 的译词而言,各种辞书并未采用福泽谕吉的 civilization 与"文明"对译,而是更多倾向于"开化"之译,即福泽先前论述并已成为明治政府三大国策之一的"文明开化"中的"开化"。Francis Brinkley、南条文雄、箕作佳吉等人编写的《和英大辞典》(1896)则不然,将"文明"译为 civilization; refinement; social progress; enlightenment,"文化"译为 civilization; refinement; leaving no trace of barbarity or savageness。此外,明治时期逐渐流行的"文明"一词,并不总能与 civilization 相对应,比如"文明饭"(西餐)、"文明舞"(西式交际舞)、"文明装"(西装)、"文明棍"(西式拐杖)等,"文明"二字只是"西洋"或"摩登"的同义词而已,并没有历史、社会和哲学上的明确含义。在 1912 年出版的、由井上哲次郎等人编撰的英德法和《哲学字汇》中, culture 的译词为"修练、文化、人文、礼文、礼修、修养",义项设置依然同 1884年第二版。civilization 已不再局限于"开化"一种译词,并加有按语以释义:"civilization,开化(按,《西域记》卷三转妙法轮,开化含识)文明(按,《易·乾》见龙在田,天下文明)文化"。

19、20 世纪之交,不管是日本还是中国的双语辞书,其中的"文明""文化"词条,未必都能折射出彼时这两个词语的实际社会运用,这或许与辞书常有的"惯性"特征有关。同时,两个词语的相似译释或互换,足见对于汉语古词"文化""文明"相互勾连、交融、互解的认识还在发挥作用。直到 1927 年出版于天津的迈达氏(Jules Médard)著《法汉专门词典》,西方 civilization和 culture 概念才在双语辞书中达到质的飞跃。这部词典明确区分了"文明"和"文化"的实际运用,前者表示物质和精神上的进步、成就、发达程度及价值观念,后者则指物质和精神的历史传统和发展状况的总和，而且不同地域、不同时代有不同的文化。历史性、区域性和群体性才真正展示出这两个概念的深度和广度。显然，这部词典受到法语中基本上视二者为同义词的影响，civilization 译做"文明、文化"。Jean-Marie Lemaréchal 编《和佛大辞典》(1904) 亦用 civilization 解"文明"和"文化"，culture（civilization）译作"文化、文明、开化"，并按法语字母顺序对法语中的组合概念做如下译释：

文明史、古代文明、巴比伦之文明、埃及之文明、欧洲文明、希腊之文明、拉丁之文明、大洋文明、物质文明、地中海文明、西方文明、东亚文明、精神文明；

文化价值、欧化（指"欧洲文化"）、希腊拉丁的文化、近世文化、原始文化。

第八章

"文明之运会"，争做"文明人"

欧洲"启蒙"一词，源于神学中的光之比喻，如"给黑暗以光明""恍然大悟"；或来自气象描写中的感官体验，如"阳光通明"。汉语"文明"，本有"光照"之意，如"光明""有文采"。《易·乾》："见龙在田，天下文明。"孔颖达疏曰："天下文明者，阳气在田，始生万物，故天下有文章而光明也。"我们可以提出一种假设：从词源上比较，"文"与"明"的组合与欧洲思想史中的重要概念"启蒙"（英语 enlightenment、德语 Aufklärung）的相通之处，也许是维新之士青睐"文明"的一个重要原因。严复译《天演论·教源》中有如下文字："大抵未有文字之先，草昧敦庞，多为游猎之世。游故散而无大群，猎则戕杀而鲜食，凡此皆无化之民也。迨文字既兴，斯为文明之世。文者言其条理也，明者异于草昧也。出草昧，入条理，非有化者不能。"法语中的 clarté（明晰、明了）和英语中的 enlightenment（启蒙）作为西方新的精神状态和思维形态之典范，可以用来区别文化保守主义，用来反照与中国过时的世界观相连的蒙昧和迷信，并成为一种信仰和斗争武器。这种时兴的、在西方文化冲击下不断得势的"文明"概念，指的正是西方"先进的"精神和物质文化。我们在这个语境中确实能够发现，在近代中国，“文明”不仅是一个学术概念，而且是在西方观念和社会时潮双重作用下建构起来的话语。套用时人王国维的话说："言语者，思想之代表也。故新思想之输入，即新言语输入之意味也。"（《论新学语之输入》）当然，这里所说的“输入”，既是一个西方概念在中国的传播，又是一个中国古词的推陈出新。

也就在这时，中国自古就有的“运会”学说重又时兴。当时的“运会”学说，多半起于直觉的感悟，却构成一种假设理论，有助于中西文化融合。用传统天时人事气数的旧说法解释现时中西文化接触的新世局，在当时中西调和的观念中，占了相当大的分量。把西力东侵、西学东渐视为天机地气，运会使然，“文明之运会”具有不可阻挡之势。这一切都逼迫时人俯首下心，亟思应变之道。郭嵩焘认为："西洋之入中国，诚为天地一大变。其气机甚远，得其道而顺用之，亦足为中国之利。"（《复李次青》）关于文明运会说，我们可以在梁启超那里找到足够的明证："西人百年以来，民气大伸，遂尔浡兴。中国苟自今日昌明斯义，则数十年其强亦与西国同，在此百年内进于文明耳。""地球既入文明之运，则蒸蒸相逼，不得不变。"（《与严幼陵先生书》，1896）或曰："今所称识时务之俊杰，孰不曰泰西者文明之国也。欲进吾国，使与泰西各国相等，必先求进吾国之文明，使与泰西文明相等。"（《国民十大元气论·叙论》，1899）显然，梁启超视文明为进化过程，他所津津乐道的"文明"问题，实为"文明化"问题。当然，这几乎是所有维新之士的共识。谭嗣同也说："天地以日新，生物无一瞬不新也。今日之神奇，明日即已腐臭，奈何自以为有得，而不思猛进乎？"（《上欧阳中鹄书》）"文明之运会"思想在很大程度上体现出戊戌时期维新派人士之现代文明观的确立甚至盛行。

19世纪进入尾声的时候，"文明"二字日趋时髦。按照石川祯浩的说法，梁氏"正面地打出作为 civilization 的'文明'旗号，乃是在一八九八年戊戌政变以后亡命日本之时。……'文明'这一新词汇，经梁启超的宣传鼓动，终于在中国这块土地里扎下了根"。（《近代中国的"文明"与"文化"》讲演稿）的确，梁启超为"文明"概念的传播做出了不可磨灭的贡献，他是戊戌维新时期较早使用新式"文明"概念并明确形成现代"文明"观念的思想家,他主编的《新民丛报》是 20 世纪初传播现代"文明"概念最有影响力的刊物,他于 1902 年在《新民丛报》上撰文,把基佐的代表作《欧洲文明史》介绍给中国读者:"基氏为文明史学家第一人,此书在欧洲,其声价几与孟德斯鸠之《万法精理》、卢梭之《民约论》相埒。近世作者,大率取材于彼者居多。"(《东籍月旦》)或许正是梁启超的示范作用,"文明"概念才得以被很多先进的知识人所赏识,并逐渐蔚然成风。另一方面,我们也必须看到,"文明"概念在中国的传播还有许多人的功劳。且以黄遵宪、汪康年、梁启超创办的、当时影响最大的维新派报纸《时务报》上的几段文字为例:

> 余之观伦敦,亦不过枝上林禽之观而已,盖此地为近今文明之都府,然其历世之久,二千余年矣。且伦敦之胜境甚夥,或于一方,设地下铁路,夸文明之奇观。(《伦敦论》,《时务报》第 11 册(1896 年 11 月 15 日))

> 俄以农为生业,约一万万人,以渔为生业,五十万人;要之俄人不知文明为何物者,亦甚夥也。

（《论俄人性情狡诈》，《时务报》第 16 册（1897 年
1 月 3 日））

外国文明，技艺兴盛，实为未开陋邦所不能梦见。
（《朝鲜大臣游欧美有感》，《时务报》第 16 册（1897
年 1 月 3 日））

君主专制，黔首无力；国家以愚其民为能，不复
使知政治为何物。当是之时，安有政党兴起哉！及
文明大进，世运方转……（《政党论》，《时务报》
第 17 册（1897 年 1 月 13 日））

野蛮之地，无社会者焉。及文明渐开，微露萌蘖，
久之遂成一社会。（《论社会》，《时务报》第 17 册
（1897 年 1 月 13 日））

日人尝汲汲采文明之利器，实使欧美惊叹；而变
革之疾速，亦使欧美生畏惧之念矣。于是乎今也自船
舰炮枪，至法律制度，精通其神理者，盖亦不鲜。而
其二十年来所施设，或简派俊才，同往欧洲，入其学堂，
或学其言语，译其书籍，或聘外人为师，或编制法典，
惟恐文明之难及，故致有今日之盛矣。（《中国论》，《时
务报》第 17 册（1897 年 1 月 13 日））

财币流通，未免迟缓；当是之时，欲仿文明之地，

所行成法。(《论黑龙江省将来大局》,《时务报》第 22 册(1897 年 4 月 2 日))

　　中堂自扬言云,敝国应筑铁路,又采列国各种文明之利器,以更新中国,是盖直抒胸臆之语。(《论东亚客岁情形》,《时务报》第 29 册(1897 年 6 月 10 日))

　　以上引文均出自该报《东文报译》栏目,发表时间都在 1898 年之前。其中的"文明"一词,绝大多数出现于译自日本的报刊文章,译者均为该栏目主持人、日本汉学家古城贞吉。这也从一个侧面反映出戊戌时期"文明"概念在中国传播时,日本人所扮演的重要角色;戊戌思想家们使用"文明"概念,大多是在《时务报》发行之后。《时务报》实际上也是戊戌时期日本新名词传入中国的首要渠道。关于《时务报》在当时的影响力,丁文江、赵丰田编《梁启超年谱长编》中说,《时务报》出版后"风靡海内,数月之间销行至万余份,为中国有报以来所未有"。

　　显然,上文所引《时务报》中的"文明"概念,指的是整个文化层面。另外,在文明概念逐渐盛行之时,思想界不断涌动着不仅推重物质发达、实业进步,而且

日渐注重民族素质和精神文明的潮流。郑观应 1900 年
对欧洲近世文明的赞誉亦告诉我们，时人对"文明"的
理解全然不是"纯物质"的："一千一百四十四年，当
宋高宗绍兴十四年，意大利新立议会。一千二百六十五
年，当宋度宗咸醇元年，英国始定议院章程，垂诸后世。
嗣兹而降，议院大兴，文明日启，遂为千百年有国不易
之宏纲。"（《盛世危言·原君》）在康有为看来，"国
之文明，全视教化。无教之国，即为野蛮无教之人，近
于禽兽"（《孟子微》）。他因此而提倡"开民智而导
文明"（《请设新京折》），这同西方的"启蒙"相近。
而在梁启超那里，我们可以明显发现他对有形和无形、
外在和内在的区分，即精神和民气在"文明"概念中的
优先地位：

> 国之治乱，常与其文野之度相比例，而文野之分，
> 恒以国中全部之人为定断，非一二人之力所能强夺而
> 假借也。故西儒云：国家之政事，譬之则寒暑表也；
> 民间之风气，譬之则犹空气也。空气之燥湿冷热，而
> 表之升降随之，丝毫不容假借。故民智、民力、民德
> 不进者，虽有英仁之君相，行一时之善政，移时而扫

地以尽矣。……此至浅之理,而一定之例也。故善治国者,必先进化其民。(《自由书·文野三界之别》,1899)

　　文明者,有形质焉,有精神焉;求形质之文明易,求精神之文明难。精神既具,则形质自生;精神不存,则形质无附。然则真文明者,只有精神而已。……陆有石室,川有铁桥,海有轮舟,竭国力以购军舰,朘民财以效洋操,如此者可谓之文明乎?决不可。何也?皆其形质也,非其精神也。求文明而从形质入,如行死港,处处遇窒碍,而更无他路可以别通,其势必不能达其目的,至尽弃其前功而后已。求文明而从精神入,如导大川,一清其源,则千里直泻,沛然莫之能御也。(《国民十大元气论·叙论》,1899)

至少在维新之士眼里,西方近现代文明所造就的新式文化,已将与之对立的、过时的、阻碍进步的老中国文化排除在外。19、20世纪之交的文明观念,似乎无所不包,涉及科学发达、物质进步、军事强盛、教育平等、男女平等、思想自由、新闻自由等先进意识;一些新名词如"文明史""文明戏""文明装""文明结婚"也广为流传。现代"文明"概念的广泛传播，逐渐对中国的政治变革运动产生深刻的影响，并开始改变许多人的价值观和生活理想，成为影响人们社会生活的重要因素。鲁迅在《文化偏至论》中也明确指出："由是观之，欧洲十九世纪之文明，其度越前古，凌驾亚东，诚不俟明察而见矣。"人们在那个求新求变的时代所喜用的"文明"概念，指的是一种带普遍意义的文明现象：既是精神的又是物质的，既是技术的又是社会的文明程度。《中外日报》1903 年 4 月 12 日发表的一篇题为《论近时媚外之弊》的文章，针砭惟洋是骛，但也让人看到彼时"文明"风气之盛："十年以前，大约排外之一类人为多。……于开学堂则以为养成汉奸，于改制度则以为用夷变夏，于设制造局则以为作奇技淫巧。至于今日，其底里已毕露，其明效大验，已为人所共知。……于是排外之习一转而为媚外之极，乃至外人一举一动无不颂为文明，一话一言无不奉为蓍蔡也。"

如果我们不是机械地将西方社会文化对中国社会文化的影响视为单向的，而是以相互影响的模式为前提，那么，我们至少可以肯定地说，文化交流主体的强弱不一，以及文明概念同价值判断之紧密联系所造成的文化等级观念，必然使交流主体的"价值尺度"大不相同。
倘若我们比较明末和清末这两个时期的中西文化交流，
便可发现二者的明显差异：明末清初耶稣会士在华活
动，尚未以西洋的坚船利炮为后盾，文化交流是在和平
环境中进行的。此时，中国人看待欧洲的文化主要是以
一种文化眼光，在接受西学上有着很大的主动性，对待
西方文化的心态基本上也是平和的。对于当初在华耶
稣会士介绍的西洋知识，明末清初很多中国人尚能做
出比较公允的评估。而在进入 19 世纪尤其是鸦片战争
之后，中西相遇实为中西交冲，救亡图存是学习西方的
主要鹄的之一。文化交流的大背景是西方列强的勒迫
和凌逼，中国成为被夷视的一方。近现代中外交流是在
孱弱的中国处于劣势亦即所谓夏不敌夷的历史阶段发
生的。身陷秩序危机（华夷内外秩序的颠覆、天朝贡国
制度的瓦解、条约制度的逼迫等）以及意识危机，此时
接受西学的心态是极不平衡的。在这种情况下，向"文
明""进步"看齐，基本上意味着门户大开。近代西潮
骎骎东来，许多"坚定分子"所追求的，并不是平等的
文化交流和有选择地接受外来影响，而是"大开闸门"，
全盘西化，甚至连服饰也不例外：有人提倡"西装之精

神"，有独立之气象，无奴隶之根性。就在这时，我们可以发现，西方对文明价值与价值尺度的垄断早已走出欧美，而且深入人心。对于后来的陈独秀来说，近世文明之主要标记便是：一、人权；二、进化论；三、社会主义。并且，只有欧洲文明才称得上近现代文明。（陈独秀《法兰西人与近世文明》）当时持这种观点的并非陈独秀一个人。在这一点上，他完全顺应了西方文化观的主流论调。

历史和进步是谈论文明、文化的两大基本要素，并使其获得了勾勒和设想人类历史发展的功能。梁启超在《论学术之势力左右世界》（1902）一文中指出："凡人类智识所能见之现象，无一不可以进化之大理贯通之。政治法制之变迁，进化也；宗教道德之发达，进化也；风俗习惯之移易，进化也。数千年之历史，进化之历史；数万里之世界，进化之世界也。"的确，甲午战败之后，西方现代"文明"概念在中国的传播，以及相关价值观的确立，固然与中国战败的强烈刺激所引发的心理和思想巨变有关，更与进化论的输入有着直接而密切的关系。这很明显体现于新的历史观和对历史不断进化的认知，即以"文明"与"野蛮"、"进步"与"停滞"的二元认识重新认识历史、重写历史，用"黑暗"与"光明"来划分古代与现代。李提摩太、蔡尔康译《泰西新史揽要》（1895），充满进化论思想；英文原作发表于1880年，正是进化论盛行之时。在以文明程度为标准的历史框架中，停滞不前的中国只能处于落后境地。该书译本序中写道："中国古世善体天心"，"一日万几，无不求止于至善，是以巍然高出于亚洲为最久之大国，而声名之所洋溢且远及于他洲，猗欤盛哉！"然而，"何图近代以来良法美意忽焉中改，创为闭关自守之说，绝不愿与他国相往来。……沿至今日，竟不能敌一蕞尔之日本"。西方进化论、文明史观及仿照西方史例的日本人撰中国历史，例如，那珂通世著《支那通史》（1888—1890）、桑原骘藏著《中等东洋史》（1898），均在中国广为流传，产生深远影响。梁启超在《东籍月旦》（1899）一文中指出："文明史者，史体中最高尚者也"，而中国"文明进步变迁之迹从未有叙述成史者"。

近现代中国在开始接受西方文明观的时候，已经具备了整体概念，已经看到其认识作用。然而，整体概念似乎常给人笼统之感。就总体倾向而言，时人还不明白，或者说根本不了解，"文明"高调在欧美盛行之时，已经有人指出"文明"本身的内在区别，其中最有名的便

是马克思和恩格斯。恩格斯于 1844 年在《德法年鉴》
上指责统治者说："你们已经把地球边陲都文明化了,
为的是赢得新的领地,以施展你们低廉的贪欲。"(《政
治经济学批判大纲》)马克思则于 1867 年讥刺地谈论
"这种资本主义文明的优越性,以其贫困降低大众人格,
走向野蛮"。(《资本论·政治经济学批判》卷一)当然,
在马克思、恩格斯看来,"文明"就其本质而言是值得
称道的,只是被资本主义扭曲异化了;文明准则只是统
治者说了算的东西。

然而,中国在很长一段时期内,看到和了解文明"另
一面"的人并不多。在强势的西方文化如天风海雨般步
步凌逼之下,人们更多的只是低首下心、自愧不如,或
多或少地怀有"恨铁不成钢"之感:怪自己,怪民族,
怪祖宗。这是一种沉重的负罪感。"一国之民精神上物
质上如此堕落,即人不伐我,亦有何颜面有何权利生存
于世界。"(陈独秀《我之爱国主义》)很自然,人们
想到了"从头忏悔,改过自新":

　　盖吾人自有史以讫一九一五年,于政治,于社会,
　于道德,于学术,所造之罪孽,所蒙之羞辱,虽倾江、

汉不可浣也。当此除旧布新之际,理应从头忏悔,改
过自新。……吾人首当一新其心血,以新人格;以新
国家;以新社会;以新家庭;以新民族;必迨民族更新,
吾人之愿始偿。(陈独秀《一九一六年》)

文化认同危机是欧洲现代"文明"观念在中国时
兴的重要根源之一,到了五四时期,知识界的认同危机
愈加深重。在自我否定的时候,为了不至于一下子掉入
真空状态或失去行动方向,反传统主义者的目光首先向
着西方,向着别样的文化模式,向着"文明"。换言之,
为了抛弃旧观念亦即与儒家思想等同的价值体系,人们
需要一个强大的对立体系,寻找新的价值尺度。鸦片战
争以后中国人心灵上的巨大创伤以及令人失望的现实,
使一些人感到西方的价值规范及诸如民主、自由、平等、
科学等观念,正是摧毁中国传统价值、克服所谓"中世
纪"的有力武器。胡适回忆,五四知识界"对于旧有学
术思想的一种不满意,和对于西方的精神文明的一种新
觉悟"(《新思潮的意义》),很能说明精神坐标的改
变和价值的转换。在这"重新估定一切价值"(胡适《新
思潮的意义》)的时代,北京大学《新潮》干将罗家伦

对西方文化和文明的认识是很有代表性的，他把"文化"和"文明"做了明确区分，让狭义"文化"概念得以凸显：

> 世界总是进化的。前一个时代中国人虽然觉得西洋的物质文明以及政治法律的组织比中国高，但是所谓精神文明以及各种社会伦理的组织总是不及中国的。到这个时代大家才恍然大悟，觉得西洋人不但有文明，而且有文化；不但有政治，而且有社会；不但有法律，而且有伦理。这些东西不但不比中国的坏，而且比中国的好，比中国的合理，比中国的近情。(《近代中国文学思想的变迁》)

对这类一边倒的赞颂西方文明的倾向，章炳麟早有反感，认为"世俗所谓文明野蛮者，又非吊当之论也"(《驳神我宪政说》)。他甚至不无极端地提出取消时髦的、"虚伪不贞"的"文明"概念："盖文明即时尚之异名，崇拜文明，即趋时之别语。"(《复仇是非论》)在他看来，"文明"之说简直是"从心上幻想出来"的(《论佛法与宗教、哲学以及现实之关系》)。章炳麟此番言论，也就是鲁迅《文化偏至论》所说"言非同西方之理弗道”之时，颇显得不合时宜；确实，这在当时只是少数人的观点。然而，随着清末民初思想进程和社会潮流的发展变化，尤其是西方文明观所带有的殖民主义意识，以及西方列强打着“文明”旗号所进行的野蛮侵略，使得盲从西方文明的风气一再受到质疑。知识界对文明和文化内核的思考，直接冲击了西方价值观和西方文明的话语霸权，促成五四运动前后的多元文明观。

第九章

新文化运动中的"文明""文化"之辨

　　当陈独秀、胡适、罗家伦那代人大发"文明"感慨之时，"文明"和"文化"这两个近现代概念的发源地欧洲，已经陷入深重的危机。第一次世界大战的爆发，给这两个概念染上了强烈的政治和民族主义色彩，战争也因此变成破坏或维护文明、文化的战争。最迟至1918年，整个19世纪欧洲人自我意识、自我炫耀的这两个概念受到了真正的打击。"进步"之危机导致文明的危机，对经济技术和物质发展优越性的怀疑与日俱增，两个概念更多地体现了一个时代的自我怀疑，而不再是以往那种得意之情，不少人以尼采精神批判现代"客观性"和"物质性"。也就在这个时候，本来基本同义的"文明"和"文化"开始分裂，德语中原有的对Kultur（文化）的青睐越发明显并逐渐在欧洲普及，成了Zivilisation（文明）的反命题。"文化"似乎更具有精神和道德蕴含，因此，谁都想成为文化的拥有者。也就是说，"文化"和"文明"有了高低之分。

　　20世纪初，康有为游历欧洲以后，反思其时中国文明风尚，针砭盲崇西方文明的风气："今之学者，不通中外古今事势，但闻欧人之俗，辄欲舍弃一切而从之，谬以彼为文明而师之。""今学者无中外之学，不考其本来,徒观其外迹,及震其百年之霸,而畏之媚之,何其愚哉!"(《欧洲十一国游记二种》)梁启超于 1918 年底至 1920 年 3 月在欧洲游历,那正是颓废情绪弥漫欧洲之时,斯宾格勒(Oswald Spengler, 1880—1936)《西方的没落》之书名成了流行用语。此时,梁氏已对西方文明另眼看待,视之为"一种不自然之状态",亦即"病的状态"(《在中国公学之演说》),并认为"中国人对于世界文明之大责任",首先在于"人人存一个尊重爱护本国文化的诚意"(《欧游心影录节录》,1921)。曾热衷于社会达尔文主义、深受福泽谕吉文明论影响的梁启超,开始怀疑西方文明的核心价值,并认为中西差异并非文野之分,只有文化类型之别,这当然与斯宾格勒之辈所阐扬的多种文化形态的独立性不无关系。欧洲人对自身历史发展的失望,尤其是第一次世界大战的灾难,使西方知识界出现了一股告别过去、转向东方的思潮,产生了对中国式的精神和道德的向往。这种"东方热"反过来又促进了中国人的自我文化认同,寻找"自己的"文化(或曰"国粹"),以使之成为"世界文化博览会之出品"(《先秦政治思想史》,1922)。

在梁启超的《欧游心影录》之前，也就是第一次世界大战硝烟浓烈之时，杜亚泉（1873—1933，笔名伧父）已于1916年在《东方杂志》上发表《静的文明与动的文明》一文，认为自欧战发生以来，"吾人对于向所羡慕之西洋文明已不胜其怀疑之意见，而吾国人之效法西洋文明者，亦不能于道德上或功业上表示其信用于吾人。则吾人今后，不可不变其盲从之态度，而一审文明真价之所在"。（《东方杂志》第13卷第10号）杜亚泉是当时知识界最早从欧战中预见西方文化危机及其思潮转向的思想家。他又于1917年发表《战后东西文明之调和》一文，论说"文明之病变"及"病处之治疗"："文明之定义，本为生活之总称，即合社会之经济状态与道德状态而言之。经济道德俱发达者为文明，经济道德均低劣者为不文明；经济道德，虽已发达，而现时有衰颓腐败之象，或有破坏危险之忧者，皆为文明之病变。文明有时有病，如小儿之有麻疹、百日咳，为人类所不得不经过者。今日东西洋文明，皆现一种病的状态；而缺点之补足，病处之治疗，乃人类协同之事业，不问人种与国民之同异，当有一致之觉悟者也。"（《东方杂志》第14卷第4号）

其实早在 20 世纪初，鲁迅就针砭 19 世纪之"文明流弊"：重视"客观之物质世界"，忽略"主观之内面精神"。他所倡导的是"幽深"的、富有精神性的文化："文化常进于幽深，人心不安于固定，二十世纪之文明，当必沉邃庄严，至与十九世纪之文明异趣。"因此，他对尼采笔下的查拉图斯特拉（Zarathustra）远离"文明之邦国"大加赞赏："此其深思遐瞩，见近世文明之伪与偏，又无望于今之人，不得已而念来叶者也。"（《文化偏至论》）可见，中国人对"文化"概念的深入探讨，在很大程度上受到西方的影响，尤其是经由日本传入的西方观念的影响。第一次世界大战前后，西方人更是渴望外界与心灵的真正和谐，这无疑是对现代文明"疲于奔命"的否定，是源于尼采的那种对现代物质性的强烈批判。民国初年，中国政治体制的变革令人失望，加上第一次世界大战的严酷经历，导致人们对现代性"文明"概念进行深刻反省，注重精神的狭义"文化"概念凸显而出。

也就在这个时期，中国知识界发生了一场关于东西文化的论战，它起始于《新青年》与《东方杂志》之间就东西文化而展开的讨论，贯穿整个新文化运动,持续十余年。两派在许多观点上的分歧,已经见之于《新青年》和《东方杂志》之刊名。以陈独秀为首的新文化派(《新青年》派)和以杜亚泉为首的东方文化派(《东方杂志》派),都承认东西方文化的差异,但前者认为差异在于"古今之别",后者则强调"中外之异"。《新青年》问世之时(1915),即以传播西方文化为己任,坚信中外之异即古今之别:"所谓新者无他,即外来之西洋文化也;所谓旧者无他,即中国固有之文化也。……新旧之不能相容,更甚于水火冰炭之不能相入也。"(汪叔潜《新旧问题》)对陈独秀来说,中国传统文化"犹古之遗也"(陈独秀《法兰西人与近世文明》)。

从传统和旧学转向西洋和新学、又从推崇西方物质文明转向反对全盘西化的杜亚泉,此时重新审视东西方文明,在总体倾向上对东西方文明进行了宏观比较,认为西方文明与中国固有之文明"乃性质之异,而非程度之差",原因在于中西社会性质不同。杜氏中西文化比较所得出的结论是:西洋重人为,中国重自然;西洋人向外,中国人向内;西洋社会多团体,中国社会无团体;西洋社会好竞争,中国崇尚与世无争;西洋以战争为常态,和平为变态,中国以和平为常态,战争为变态。"综而言之,则西洋社会为动的社会,我国社会为静的社会;由动的社会发生动的文明,由静的社会发生静的文明。两种文明,各现特殊之景趣与色彩,即动的文明,具都市的景趣,带繁复的色彩,而静的文明,具田野的景趣,带恬淡的色彩"。(《静的文明与动的文明》)杜亚泉关于中西文明"动静观"之深刻的片面性,委实不乏睿智之见。这种深刻的片面,亦见之于他对东西文化弊病的诊断:"就经济状态而言,东洋社会,为全体的贫血症;西洋社会,则局处的充血症","就道德状态而言,在东洋社会,为精神薄弱,为麻痹状态;西洋社会为精神错乱,为狂躁状态"。(《战后东西文明之调和》)鉴于"西洋文明,醲郁如酒,吾国文明,淡泊如水;西洋文明,腴美如肉,吾国文明,粗粝如蔬"(《静的文明与动的文明》),杜氏提出东西文化"统整论",主张精神文明,因为"东西洋之现代生活,皆不能认为圆满的生活,即东西洋之现代文明,皆不能许为模范的文明"(《战后东西文明之调和》)。杜亚泉用动、静和内向、外向来区分东西文化,这一内在超越的概念为许多讨论中国传统文化的海内外学人所接受。

其实，追求"文明真价之所在"的杜亚泉，虽然倡导中西融合，但其偏重中国文化的倾向是显而易见的。梁启超赞同杜氏的"统整论"，提倡"拿西洋的文明来扩充我的文明，又拿我的文明去补助西洋的文明。叫他化合起来，成一种新文明"（《欧游心影录节录》，1921）。以梁启超、章士钊、杜亚泉、梁漱溟、张君劢等人为代表的"东方文化派"，或认为物质发达与精神进步不共戴天，主张"物质开新，道德复旧"；或认为二者天然抵牾，物质丰腆或贫瘠，都有碍精神的自由向上，因而注重物质生活的不丰不俭。这些人的思想资源和认识水平虽有不同，但都竭力彰显中华精神文化的独到之处，以此与新文化运动抗衡。梁漱溟当为五四后期"东方文化派"的最大理论家，他的代表作《东西文化及其哲学》（1921）是中国第一部以中文写就的、不同凡响的文化研究专著，也是第一部在书名中显示狭义"文化"概念的中文哲学著作。如书名所示，书中大谈"文化"。

黄兴涛认为，现代"文化"概念在中国的形成和发展经历了前后三个阶段：（1）甲午以前的酝酿阶段；（2）与"文明"概念相仿或曰"文明"意义上的"广义文化概念"在戊戌时期及稍后几年的确立和传播；
（3）新文化运动时期"狭义文化概念"的兴起以及广义、狭义文化概念的并行。（《晚清民初现代"文明"和"文化"概念的形成及其历史实践》）学界一般认为，现代意义上的"文化"一词是戊戌时期从日本引入中国的。其实，在这之前，颜永京和丁韪良都已用过"文化"一词，分别见于颜永京译斯宾塞的《肄业要览》（1882）和丁韪良的《西学考略》（1883）。确实，"文化"概念已散见于19世纪末期，然而，它是否就是西方 culture 意义的"文化"，抑或只是还未完全摆脱其浓重的古典韵味的用法，有时并不容易辨析。有一点是可以肯定的：在多数情况下，新式"文化"概念只是"文明"的同义词而已，用法相近，且常混淆。这也不足为怪：自18世纪末开始，且在整个19世纪，civilization 和culture 二词的含义在西方世界也颇为相似，时常难以分辨。

与欧美情形相仿，"文明"和"文化"二词的含义在明治时期的日本基本相同。需要注意的是，用 civilization 囊括"文明""文化"，或用"文化"表述civilization（前文查考的中国和日本的双语辞书亦有所显示），在很大程度上缘于明治时期常见的以"文化"作为"文明开化"之略语这一事实。这种与现代"文明"概念高度重合的"文化"用词，即以"文化"说"文明"的现象，也随着中国学人吸收"和制汉语"，出现在19世纪末期的中国。换言之，这两个概念在19世纪末的中国也基本上同义，例如黄遵宪《日本国志》所云："……日本法律仍禁耶稣教，背宗教自由之义，实为文化半开之国。"或如光绪二十三年五月初一日（1897年5月31日）《时务报》"英文报译"发表的题为《论军事与文化有相维之益》的专论中，"文明"意义上的"文化"一词共出现13次之多。尽管此词的运用越来越多，但就使用频率而言，不可与"文明"一词同日而语。直到20世纪初年，"文明"概念在报刊中的使用仍明显多于"文化"。

在19世纪末，尤其是19、20世纪之交，"文化"这个原本表示"人文化成""文治教化"的汉语古老概念，在专被用来移译西方 culture 或 civilization 之时推陈出新，获得现代意义。其中一个较为明显的例子，是王国维1899年为桑原骘藏著、樊炳清译《东洋史要》一书所写的序言中所采用的广义"文化"概念："抑古来西洋各国自为一历史团体,以为今日西洋之文化;我东洋诸国,亦自为一历史团体,以为东方数千年来固有之文化。至二者相受相拒,有密接之关系,不过最近世事耳。"谭嗣同、黄遵宪、梁启超、严复、王国维、鲁迅等人的撰述中,都出现过"文化"一词。总的说来,当时并无明确的文化定义,之前亦无专门讨论;人们只是受到西方和日本影响,根据各自的理解来使用"文化"一词。然而无论如何,彼时的"文化"含义,基本上已经不再是古语中的"文治""教化""礼仪典章制度",多少已经接近近代西方 culture 词义了。

总体而言,"文明"一词在 19、20 世纪之交开始时兴,而"文化"一词则在进入 20 世纪之后才逐渐普及。真正注重"文化"与"文明"的区别,并有选择地使用"文化"一词,从而使之成为一个流行概念,则是在五四运动之后。在这之前,也就是在新文化运动开始之后,已经有人明确从学术层面探讨和界定"文化"概念,例如,《新青年》杂志的知名编辑陶孟和,先后在《大中华杂志》第 2 卷第 8 期(1916 年 8 月)和《新青年》第 2 卷第 5 号(1917 年 1 月 1 日)上发表重要论文《文化的嬗变》和《人类文化之起源》;又如陈独秀在 1916 年之后发表的文章中所使用的"文化"概念。然而，新文化运动并非该运动兴起之初就已出现的概念，而是后来的命名。陈独秀在发表于《新青年》第7卷第5号（1920年4月1日）的《新文化运动是什么？》一文中说："'新文化运动'这个名词，现在我们社会里很流行。"君实则在《东方杂志》第17卷第19号（1920年10月）的《新文化之内容》一文中指出："一年以前，'新思想'之名词，颇流行于吾国之一般社会，以其意义之广漠，内容之不易确定，颇惹起各方之疑惑辩难。迄于最近，则'新思想'三字，已鲜有人道及，而'新文化'之一语，乃代之而兴。"自然，随着"新文化"或"新文化运动"之名称的确立，"文化"概念开始走红。

从《时务报》大量引入日本的"文明"概念（包括"文化"概念）起，以及后来的《湘报》《清议报》《新民丛报》《民报》等报刊对"文明""文化"概念的广泛传播，这些知识传输对效法西洋、变法维新、救亡图存等思潮都产生过深刻影响，中国人逐渐克服了传统的夷夏之辨和文野之分。新文化运动开始以后，中国知识界明确区分"文明"与"文化"概念依然极为罕见。五四之后的"文化热"，反映出两个概念的更替。几大杂志的相关论述,亦可见出"文化"逐渐取代"文明"而成为主流词语的趋势,并且,近代知识界对文明的认知逐步深入,且不乏非议,对文化则始终予以肯定和阐扬。也就在这时,人们逐渐了解了西方对"文明"与"文化"的区分及其新的视角,不但认识到"民族差异和群体特性"意义上的、表示生活方式的广义文化概念(如"民族文化""中国文化"),更是从精神特质的层面来强调"文化",即注重精神世界的狭义文化概念。而对"文化"概念的辨析,多半与文化论战密切相关:

> 要问新文化运动是什么,先要问"新文化"是什么,要问"新文化"是什么;先要问"文化"是什么。
>
> 文化是对军事、政治(是指实际政治而言,至于政治哲学仍应该归到文化)、产业而言,新文化是对旧文化而言。文化底内容,是包含着科学、宗教、道德、美术、文学、音乐这几样……(陈独秀《新文化运动是什么?》,1920)
>
> 通常所谓文明,盖指制度、文物、风俗、习惯等外的状态而言。至于文化,则兼有内的精神之意

味。……今日之新文化,乃十九世纪文明之反抗,所以补其偏而救其弊者也。……十九世纪之文明,殆可称为唯物主义或物质主义之文明。……然新文化既在矫正从前之缺点,则自不能不注重于开发较高尚之精神文明。(君实《新文化之内容》,1920)

文化并非别的,乃是人类生活的样法。……文化与文明有别。所谓文明是我们在生活中的成绩品——譬如中国所制造的器皿和中国的政治制度等都是中国文明的一部分。生活中呆实的制作品算是文明。生活上抽象的样法是文化。不过文化与文明也可以说是一个东西的两方面,如一种政治制度亦可说是一民族的制作品——文明,亦可以说一民族生活的样法——文化。(梁漱溟《东西文化及其哲学》,1921)

文化这个名词有广义、狭义二种,广义的包括政治、经济,狭义的仅指语言、文字、宗教、文学、美术、科学、史学、哲学而言。狭义的文化尤其是人生活动的要项。(梁启超《中国历史研究法补编》,1926)

唐敬杲等编《新文化辞书》(1923)中的 Kulturismus(德语,意为"文化主义")词条中说:"欧洲大战终了,世界人士鉴于战争底悲惨和罪恶,对于军国主义而提倡文化主义。"并且,德国人对"文化"概念"把持更为精确,更为具体"。西方思想界有一种观点,认为"文化"是德国精神,"文明"则为法国特色(亦包括英美)。尽管德国人对所谓"文明"与"文化"的内在区别早有思考,但是直至 19 世纪 80 年代,德语中的 Zivilisation 在实际运用中基本上作为 Kultur 的同义词。然而到了 19 世纪末期,德语中对两个概念的区分越来越明显:"文明"多半指物质的、外在的、实用的方面,"文化"则指精神的、内在的、道德的方面。显然,这种区分亦即文化观念,同德国作为一个后起强国的自我认同有关,极力彰显文化亦即原则、价值和理想的优越性。埃利亚斯在《文明的进程》中指出:"在德国,'文明'则是指那些有用的东西,仅指次一等的价值,即那些包括人的外表和生活的表面现象。在德语中,人们用'文化'而不是'文明'来表现自我,来表现那种对自身特点及成就所感到的骄傲。"(埃利亚斯,1998: 62)第一次世界大战所导致的对物质"文明"的批判,使得德国对"文明"和"文化"的区分在对文明和现代性进行反省的整个西方流行,亦迅速传至深受德国影响的日本。"文化"概念的使用在日本大正时代急剧增多，接着又影响到中国。

看来，对"文化"概念的理解，如同它的历史语义演变一样复杂。最后，我们以胡适和张申府对文明、文化的讨论结束本章。"西化派"代表人物胡适于 1926 年发表了《我们对于西洋近代文明的态度》一文（该文旨在驳斥梁漱溟等"东方文化派"人士的主张），开篇便提出三个"基本观念来做讨论的标准"，其中相关定义在总体上与前文所引梁漱溟的说法相差无几：

第一，文明（Civilization）是一个民族应付他的环境的总成绩。

第二，文化（Culture）是一种文明所形成的生活的方式。

第三，凡一种文明的造成，必有两个因子：一是物质的（Material），包括种种自然界的势力与质料；一是精神的（Spiritual），包括一个民族的聪明才智感情和理想。凡文明都是人的心思智力运用自然界的质与力的作品；没有一种文明是精神的，也没有一种文明单是物质的。（胡适，2013：3）

无疑,胡适的三个"基本观念"是他对文明、文化概念的界定和诠释,并且,他以为"这三个观念是不须详细说明的,是研究这个问题的人都可以承认的"。可是,张申府却不以为然,随即发表《文明或文化》一文,责难胡适论说,认为胡适的三个基本观念"条条,个个,都不能无疑","适之先生这个文明界说,实觉确难承认。"张文的重点在于概念的廓清;他视胡适的第三条定义为"强为之辞,……因为精神的,物质的,根本原来无分别"。张文着重否定了胡适的前两个界说,理由是:"基本之下,还有基本。"胡适认为"文明"与"文化"不是同物,是二物;张申府则旁征博引,以说明"文明"与"文化"分别之不当:

> 本来,英法是以"文明"自骄,而德是以"文化"自异的。但现在,在两方研究这个问题的,彼此所谓,外举大体已经一致。(张申府,1998:209)

鉴于此,张申府提出:

> 所以我意"文明"与"文化",在中国文字语言中,

只可看成差不多与"算学"与"数学"一样，只是一物事之二名，或一学名一俗名。不必强为之区异。或则顶多说，文化是活的，文明是结果，也不过一事之两看法。（张申府，1998：210）

每个时代都有其特定的视野，本书不想从今天的立场和认识程度来评判孰是孰非，只想指出胡适对"文明"和"文化"的区分，或多或少来自德国观点，而张申府的见解，更倾向于英法之见。从这两篇文章以及上文论及的相关论文，我们可以大概了解 20 世纪 20 年代中国知识界对西方"文明""文化"概念的接受和认识程度。最后需要指出的是，不管是在历史发展中，还是在现今的实际运用中，"文化"是一个极其复杂的概念，其含义常与不同观点和具体语境联系在一起。比如在考古学或文化人类学中，"文化"往往是指物质生产；而在历史学或文化研究中，"文化"主要是指生活的象征体系。另外，在德语、北欧语言和斯拉夫语系里，"文化"的人类学用法是很普遍的；其实，狭义"文化"概念在百年之前的兴起，不仅同民族主义有关，它在很大程度上也是新兴的人类学发展的结果。但在法语和意大利语里，“文化”的人类学含义明显次于其“艺术”和“知识”的含义，亦次于“人类发展之一般过程”的含义。

*

参考文献

Calvin W. Mateer. Technical Terms[Z]. Shanghai: The Presbyterian Mission Press, 1902.

Eric J. Hobsbawm. The Age of Empire, 1875-1914[M]. N. Y.: Pantheon Books, 1987.

Francis Brinkley，南条文雄，箕作佳吉．和英大辞典 [Z]. 东京：三省堂，1896.

Ishikawa Yoshihiro. "Discussions about 'Culture' and 'Civilization' in modern China", Conference on European thought in Chinese literati culture in the early 20th century, Garchy, 12-16 Sept., 1995.

Jean-Marie Lemaréchal. 和佛大辞典 [Z]. 东京：三才社，1904.

Karl Marx. *Das Kapital. Kritik der politischen* Ökonomie, Bd. 1 (1867), MEW Bd. 23, Berlin: Dietz, 1975.

Lewis H. Morgan. Ancient Society, or Researches in the Lines of Human Progress from Savagery through Barbarism to Civilization[M]. New York: Henry Holt, 1878.

Lin Yü-Sheng. The Crisis of Chinese Consciousness: Radical Antitraditionalism in the May Fourth Era[M]. Madison: University of Wisconsin Press, 1979.

Marx, Engels. *Manifest der Kommunistischen Partei*, MEW, Bd. 4, Berlin: Dietz, 1959.

Tam Tat Hin. An English and Chinese dictionary with English meaning or expression for every English word[Z]. 2nd. ed. Revised by Kwok Lo-Kwai. Hong Kong: Sun Sing Publication, 1884.

爱汉者（郭实猎）．东西洋考每月统记传：1833-1838[Z]．黄时鉴，整理．

北京：中华书局，1997.

斌椿．乘槎笔记 [M]// 走向世界丛书，钟叔河，编．修订本．长沙：岳麓书社，2008.

麦肯齐．泰西新史揽要 [M]．李提摩太，蔡尔康，译．上海：广学会，1894.

柴田昌吉，子安峻．英和字汇 [Z]．横滨：日就社，1873.

陈独秀．陈独秀文集 [A]．北京：人民出版社，2013.

陈旭麓．近代史思辨录 [M]．广州：广东人民出版社，1984.

达尔文．人类的由来 [M]．潘光旦，胡寿文，译．北京：商务印书馆，1983.

丁伟志，陈崧．中西体用之间——晚清中西文化观述论 [M]．北京：中国社会科学出版社，1995.

丁文江，赵丰田．梁启超年谱长编 [M]．上海：上海人民出版社，1983.

恩格斯．政治经济学批判大纲 [M]．柏林：Dietz，1970.

樊炳清．哲学辞典 [Z]．上海：商务印书馆，1926.

菲施．文明，文化 [Z]．科塞雷克，等．历史基本概念——德国政治和社会语言历史辞典：第 7 卷．斯图加特：Klett-Cotta，1997：679-774.

冯桂芬．校邠庐抗议 [M]．上海：上海书店出版社，2002.

福泽谕吉．文明论概略 [M]．北京编译社，译．北京：商务印书馆，1959.

葛兆光．从"朝天"到"燕行"——17 世纪中叶后东亚文化共同体的解体 [J]．中华文史论丛，2006（1）：29-58.

葛兆光．中国思想史：第 2 卷 [M]．上海：复旦大学出版社，2001.

龚书铎．近代中国文化结构的变化 [J]．历史研究，1985（1）：107-118.

龚书铎．中国近代文化探索 [M]．北京：北京师范大学出版社，1988.

古吴志道老人（沈毓桂）．中西相交之益 [J]．李天纲，编校．万国公报文选.香港：生活·读书·新知三联书店，1998.

郭嵩焘.郭嵩焘诗文集 [M].杨坚，点校.长沙：岳麓书社，1984.

郭嵩焘.伦敦与巴黎日记 [M]// 走向世界丛书.钟叔河，编.修订本.长沙：岳麓书社，2008.

郭嵩焘.养知书屋文集 [M].续修四库全书版.上海：上海古籍出版社，2002.

海涅.法国状况 [M]// 海涅全集：第 12 卷.汉堡：Hoffman und Campe，1980.

汉语大词典 [Z].上海：汉语大词典出版社，1986-1994.

何启，胡礼垣.新政真诠 [M].沈阳：辽宁人民出版社，1994.

胡适.胡适文集：第 4 册 [M].欧阳哲生，编.北京大学出版社，2013.

胡夏米."阿美士德"号中国北部口岸航行报告 [Z]// 鸦片战争在闽台史料选编.福建师范大学历史系，等编.福州：福建人民出版社，1982：54.

黄兴涛.晚清民初现代"文明"和"文化"概念的形成及其实践 [J].近代史研究，2006（6）：1-34.

黄遵宪.日本国志 [M].上海：上海古籍出版社，2001.

黄遵宪.日本杂事诗 [M]// 走向世界丛书.钟叔河，编.修订本.长沙：岳麓书社，2008.

基佐.欧洲文明史 [M].程洪逵，沅芷，译.北京：商务印书馆，1998.

井上哲次郎，有贺长雄.哲学字汇 [Z].东京：东洋馆，1881.

井上哲次郎，元良勇次郎.哲学字汇 [Z].东京：丸善株式会社，1912.

君实.新文化之内容 [J].东方杂志，1920（17）：1-3.

康有为.康有为全集：第 5 集 [M].北京：中国人民大学出版社，2007.

康有为.康有为政论集：上 [M].汤志钧，编.北京：中华书局，1981.

康有为.欧洲十一国游记二种 [M]// 走向世界丛书.钟叔河，编.修订本.长沙：岳麓书社，2008.

堀达之助，等.英和对译袖珍辞书 [Z].改正增补版.东京：藏田屋清右卫门, 1868.

邝其照. 华英字典集成 [Z]. 香港: 中华印务总局, 1882.

李圭. 环游地球新录 [M]// 走向世界丛书. 钟叔河, 编. 修订本. 长沙: 岳麓书社, 2008.

李提摩太, 季理斐. 哲学字汇 [Z]. 上海: 广学会, 1913.

利玛窦, 金尼阁. 利玛窦中国札记 [M]. 何高济, 等, 译. 何兆武, 校. 北京: 中华书局, 1983 年。

梁启超. 饮冰室文集 [M]. 林志钧, 编. 上海: 中华书局, 1936.

梁启超. 饮冰室专集 [M]. 林志钧, 编. 上海: 中华书局, 1936.

梁漱溟. 东西文化及其哲学 [M]. 影印本. 北京: 商务印书馆, 1987.

刘文明. 19 世纪欧洲"文明"话语与晚清"文明"观的嬗变 [J]. 首都师范大学学报 (社会科学版), 2011 (6): 16-25.

刘文明. 19 世纪中叶前中国与欧洲的"文明"观念 [J]. 首都师范大学学报 (社会科学版), 2010 (5): 130-137.

刘文明. 欧洲"文明"观念向日本、中国的传播及其本土化述评——以基佐、福泽谕吉和梁启超为中心 [J]. 历史研究. 2011 (3): 66-77.

刘锡鸿. 英轺私记 [M]// 走向世界丛书. 钟叔河, 编. 修订本. 长沙: 岳麓书社, 2008.

卢公明. 英华萃林韵府: 卷 1[M]. 福州, 上海: Rosario, Marcal & Co., 1872-1873.

鲁迅. 摩罗诗力说 [M]// 鲁迅全集: 第 1 卷. 北京: 人民文学出版社, 1993.

鲁迅. 文化偏至论 [M]// 鲁迅全集: 第 1 卷. 北京: 人民文学出版社, 1993.

罗存德. 英华字典 [Z]. 香港: Daily Press Office, 1866-1869.

罗家伦. 近代中国文学思想的变迁 [Z]. 新潮. 合订本: 第 2 册. 上海: 上海书店, 1986, 873-888.

罗检秋. 清末民初知识界关于"文明"的认知与思辨 [J]. 河北学刊,

2009（6）：74-84.

马礼逊 . 华英字典 [Z]. 澳门：英国东印度公司印刷厂 , 1815-1822.

迈达氏 . 法汉专门词典 [Z]. 天津：Société Française de Librairie et D'Édition，1927.

诺贝特·埃利亚斯 . 文明的进程 [M]. 王佩莉，译 . 北京：生活·读书·新知三联书店 , 1998.

棚桥一郎 . 英和辞书 [Z]. 东京：户田直秀 , 1890.

强学报·时务报 [Z]. 影印本 . 北京：中华书局 , 1991.

饶宗颐 . 符号·初文与字母——汉字树 [M]. 上海：上海书店出版社，2000.

沈国威，内田庆市 . 智环启蒙塾课初步 [Z]// 近代启蒙の足迹 . 大阪：关西大学出版部 , 2002.

石川祯浩 . 梁启超与文明的视点 [M]// 梁启超·明治日本·西方 . 狭间直树，编 . 北京：社会科学文献出版社 , 2001：95-119.

手代木有儿 . 晚清中西文明观的形成——以 1870 年代后期至 90 年代初期为中心 [J]. 李鹏运，译 . 史林 , 2007（4）：13-23.

宋育仁 . 泰西各国采风记 [M]// 小方壶斋舆地丛钞 . 再补编 . 王锡祺，编 . 上海：著易堂 , 1877-1897：40.

苏舆 . 翼教丛编 [M]. 台北：文海出版社 , 1970.

孙广德 . 晚清传统与西化的争论 [M]. 台北：台湾商务印书馆 , 1982.

谭嗣同 . 谭嗣同全集 [M]. 蔡尚思，方行，编 . 北京：中华书局 , 1981.

唐敬杲 . 新文化辞书 [Z]. 上海：商务印书馆 , 1923.

童文献 . 西语译汉入门 [M]. 巴黎：Firmin Didot, Frère et Fils , 1869.

汪晖 . 预言与危机（上篇）——中国现代历史中的"五四"启蒙运动 [J]. 文学评论 , 1989(3)：17-25.

汪晖 . 预言与危机（下篇）——中国现代历史中的"五四"启蒙运动 [J]. 文学评论 , 1989(4)：35-47.

汪叔潜 . 新旧问题 [Z].《新青年》影印本合编：1. 上海：上海书店出版社 , 2011：27-28.

王尔敏. 晚清政治思想史论 [M]. 台北：台湾商务印书馆，1995.

王尔敏. 中国近代思想史论 [M]. 台北：台湾商务印书馆，1995.

王国维.《东洋史要》序 [M]// 王国维全集：第 14 卷. 谢维扬，房鑫亮，主编. 杭州：浙江教育出版社，2009.

王国维. 论新学语之输入 [M]// 王国维文选. 天津：百花文艺出版社，2006.

王云五. 百科名汇 [Z]. 上海：商务印书馆，1931.

威廉斯. 关键词：文化与社会的词汇 [Z]. 刘建基，译. 北京：生活·读书·新知三联书店，2005.

卫三畏. 英华韵府历阶 [M]. 澳门：香山书院，1844.

魏源. 海国图志 [M]. 陈华，等校点注释. 长沙：岳麓书社，1998.

熊月之. 西学东渐与晚清社会 [M]. 上海：上海人民出版社，1994.

徐继畬. 瀛寰志略 [M]. 上海：上海书店出版社，2001.

许纪霖，田建业. 杜亚泉文存 [M]. 上海：上海教育出版社，2003.

薛福成. 出使英法义比四国日记 [M]// 走向世界丛书. 钟叔河，编. 修订本. 长沙：岳麓书社，2008.

严复. 严复集 [M]. 王栻，编. 北京：中华书局，1986.

颜惠庆，等. 英华大辞典 [Z]. 上海：商务印书馆，1908.

杨栋梁. 近代以来日本文明观的变迁 [J]. 北京师范大学学报（社会科学版），2016（1）：120-126.

张枬，王忍之. 辛亥革命前十年间时论选集 [M]. 北京：生活·读书·新知三联书店，1960.

张申府. 文明或文化 [M]// 北京大学百年国学文粹：哲学卷. 北京：北京大学出版社，1998：208-211.

章清."文明"与"社会"奠定的历史基调——略论晚清以降"新名词"的浮现对"中国历史"的重塑 [M]// 亚洲概念史研究：第 2 辑. 孙江，陈力卫，编. 北京：生活·读书·新知三联书店，2014：187-228.

章太炎. 章太炎全集：4 [M]. 上海：上海人民出版社，1982-1994.

章太炎. 章太炎演讲集 [M]. 章念驰，编. 上海：上海人民出版社，

2011.

郑观应. 救时揭要 (外八种)：上 [M]// 郑观应集. 夏东元, 编. 北京：
　　中华书局, 2013.

郑观应. 盛世危言 [M]// 郑观应集. 夏东元, 编. 北京：中华书局,
　　2013.

郑观应. 盛世危言后编 [M]// 郑观应集. 夏东元, 编. 北京：中华书局,
　　2013.

郑匡民. 梁启超启蒙思想的东学背景 [M]. 上海：上海书店出版社,
　　2003.

志刚. 初使泰西记 [M]// 走向世界丛书. 钟叔河, 编. 修订本. 长沙：
　　岳麓书社, 2008.

周颂伦. 文明 "入欧" 与政治 "脱亚" ——福泽谕吉 "文明论" 的
　　逻辑构造 [J]. 二十一世纪. 2014（4）：29-41.

邹振环. 晚明汉文西学经典：编译、诠释、流传与影响 [M]. 上海：
　　复旦大学出版社, 2011.

佐藤慎一. 近代中国的知识分子与文明 [M]. 刘岳兵, 译. 南京：江
　　苏人民出版社, 2006.